权威·前沿·原创

皮书系列为
"十二五""十三五""十四五"国家重点图书出版规划项目

BLUE BOOK

智库成果出版与传播平台

品牌蓝皮书
BLUE BOOK OF BRAND

中国品牌战略发展报告（2021~2022）

REPORT ON THE DEVELOPMENT OF CHINESE BRAND STRATEGY (2021-2022)

主　　编／汪同三
执行主编／才大颖

社会科学文献出版社
SOCIAL SCIENCES ACADEMIC PRESS（CHINA）

图书在版编目（CIP）数据

中国品牌战略发展报告 . 2021-2022 / 汪同三主编
. --北京：社会科学文献出版社，2022.6
（品牌蓝皮书）
ISBN 978-7-5228-0106-3

Ⅰ . ①中… Ⅱ . ①汪… Ⅲ . ①品牌战略-研究报告-
中国-2021-2022 Ⅳ . ①F279.23

中国版本图书馆 CIP 数据核字（2022）第 078548 号

品牌蓝皮书
中国品牌战略发展报告（2021~2022）

主　　编／汪同三
执行主编／才大颖

出 版 人／王利民
组稿编辑／周　丽
责任编辑／王玉山
责任印制／王京美

出　　版／社会科学文献出版社·城市和绿色发展分社（010）59367143
　　　　　地址：北京市北三环中路甲 29 号院华龙大厦　邮编：100029
　　　　　网址：www. ssap. com. cn
发　　行／社会科学文献出版社（010）59367028
印　　装／天津千鹤文化传播有限公司

规　　格／开　本：787mm×1092mm　1/16
　　　　　印　张：17.25　字　数：255 千字
版　　次／2022 年 6 月第 1 版　2022 年 6 月第 1 次印刷
书　　号／ISBN 978-7-5228-0106-3
定　　价／128.00 元

读者服务电话：4008918866

品牌蓝皮书编委会

主　　任　刘振华

编　　委　汪同三　张建明　李永忠　王连生　恽铭庆
　　　　　才大颖　赵胄豪　常继生　乐柏成

主　　编　汪同三

执行主编　才大颖

编 写 组　《中国品牌战略发展报告（2021~2022）》课题组

撰 稿 人　孙　瑞　张昤琪　张　健　陈进东　闫　敏
　　　　　王　莹　丁晓宇　华清波　丘运贤　梁志勇
　　　　　姜　舒　曹丽娜　孔令云　张佳敏　张海航
　　　　　周海霞　郝凌霄　徐玥琪

编　　审　顾　阳　王　强　平　萍　秦立磊

主要编撰者简介

汪同三 中国社会科学院学部委员、数量经济技术经济研究所研究员，品牌中国战略规划院院长，长期从事数量经济学研究。先后任数量经济技术经济研究所经济模型研究室副主任、主任，所长助理、副所长、所长，中国社会科学院首批学部委员，并被人事部授予"中青年有突出贡献专家"称号，我国著名的经济形势分析与预测专家。

才大颖 品牌中国战略规划院副院长，中国工艺美术学会理事长，教授级高级工程师，享受国务院政府特殊津贴专家；受聘国家发改委产业协调司和工信部消费品司轻纺行业专家，长期从事消费品牌研究，深耕品牌生态体系、轻奢品类、国企品牌和责任品牌等领域。

孙　瑞 《品牌蓝皮书：中国品牌战略发展报告》编写组成员，历任北京城市发展研究院会展经济研究所培训部主任，轻工业展览中心国际合作部副处长（主持工作），中国轻工业信息中心信息管理处副处长、对外合作处副处长（主持工作）、处长，中国轻工业信息中心主任助理，品牌中国战略规划院专职副秘书长，2016 年起主持《品牌蓝皮书：中国品牌战略发展报告》编撰工作，专注于区域品牌生态、行业品牌发展指数、企业品牌竞争力、责任品牌和服务品牌的分析研究。

摘　要

　　《中国品牌战略发展报告》是在陈光亚、杨圣明、张晓山、乌家培、汪同三等多位两院院士和学部委员联署的"关于推进自主创新，打造中国品牌大国，保障国家经济安全的建议"和"关于推进自主创新，打造中国品牌大国，保障国家经济安全的进一步建议"精神的基础上，在中央有关领导重要批示精神的指导下，由品牌中国战略规划院牵头编纂的以品牌战略为研究对象的年度性研究报告，该研究报告具有综合性、战略性、学术性、产业性、政策性的特点。

　　《中国品牌战略发展报告（2021~2022）》坚持在习近平总书记"三个转变"重要指示精神指导下，以新发展理念为引领，综合数据分析、调查研究、专家研讨等方式方法，全面回顾2020~2021年新型冠状病毒肺炎疫情暴发后全球宏观经济发展的趋势和品牌经济运行质量，结合我国从三期叠加向三重压力转变的总体趋势和运行质量分析，认为当前我国品牌经济运行的风险空前复杂，价值定位亟须战略提升，政策环境经历时代变迁，供需场景面临根本改变，中国品牌应该开始思考影响未来走势的根本性因素，在边缘地带中心化、专精特新品牌化、老龄化全周期管理、技术发展的需求侧引领都将成为新的发展机遇。

　　本书认为在增长速度换档期、结构调整阵痛期和前期刺激政策消化期阶段，品牌对企业的作用是维持老业务，拓展新业务，通过寻找平台和流量，品牌更侧重于营销理解，而在需求收缩、供给冲击、预期转弱的三重压力面前，新老营销手段普遍失灵，品牌对企业的作用成为重新理解用户、增强用

户黏性，用新供给增强预期、拓展需求，找新市场、新机会，品牌倾向于战略理解。中国品牌经济发展正在进入一个旧力已弱、新力未强的新阶段，对国企品牌建设的持续关注、对建党百年的经验总结、对新发展格局的机遇把握，以及对碳中和、社会治理和住房租赁等中长期发展趋势的关注，这些对推动品牌经济发展具有丰富的实践意义。

本书对 2021 年我国品牌经济和品牌生态发展做出了最新的研判，当期中国品牌发展指数为 102.43，比上年增长了 1.11 个百分点，强度值处于适度区间。其中北京、上海、广州、成都、苏州、深圳、杭州、南京、宁波、重庆等 100 个城市进入中国品牌生态指数（2021）100 强城市榜单。

本书坚持从国家战略安全的高度研究我国品牌建设的制度环境和经济环境；坚持从学术角度深入探寻品牌战略的内在结构、影响因素和形成机制；坚持从生态的角度分析区域品牌发展的要素环境和优势资源；坚持从全球层面分析中国品牌在全球化过程中面临的机遇挑战与实施路径；坚持结合年度时政热点分析对品牌战略发展的影响。始终将把握中国品牌经济发展的宏观形势、应用理论和区域生态作为重点，从推动制度创新、丰富内涵主题、夯实产业基础、推动国际认同和培育区域特色五个维度，以理论、数据和实践相结合的方式，推动中国品牌的战略发展。

关键词：品牌战略　品牌理论　品牌生态

序　言

　　2016~2021 年，《中国品牌战略发展报告》已经连续出版了五部，报告的研究、编辑、出版工作始终坚持贯彻习近平同志"三个转变"重要指示精神，坚持从品牌战略安全高度分析我国品牌发展，坚持从推动高质量发展和构建美好生活维度反映我国品牌经济发展的成就，五年的研究之路，见证了党的十九大以来我国区域品牌和企业品牌建设的勃勃生机，见证了百年变局与世纪疫情交织的历史挑战，见证了中国品牌革故鼎新全球发展的创新之路。

　　刚刚过去的 2021 年，汲取建党百年经验、实现全面脱贫、"十四五"全面启动，这些重大历史事件标记了 2021 年必将是一个被历史所铭记的年份，基于中国品牌建设发展而言，反映在品牌的理论和研究方面正在经历战术升维到战略落地的代际之争；品牌建设和传播的工具正在孕育新的迭代，企业品牌建设和传播正在导向新的价值需求。这一系列的变化正在印证中国企业品牌即将进入一个快速迭代的新时期、中国区域品牌正在加速进入一个人民性和时代性相结合的新阶段，中国品牌经济正在加速进入一个价值引领的新过程。

　　不忘初心、牢记使命，《中国品牌战略发展报告》的编辑出版就是为了铭刻这个时代，见证中国品牌经济的潮起潮落、发现企业品牌建设成功经验、找到城市品牌建设增长空间。"十四五"规划对我国品牌发展提出了明确的发展方向和战略重点，"开展中国品牌创建行动"吹响了"中国品牌"的集结号；"保护发展中华老字号"明确了中国品牌的文化优势；"提升自主品牌影响力和竞争力"指明了品牌建设的目标；"率先在化妆品、服装、

家纺、电子产品等消费品领域培育一批高端品牌"明确了未来中国品牌创建工作的突破重点。有行动安排、有优势总结、有目标方向、有突破重点，未来五年，从战略到落地，中国品牌将进入全新的时代。如何把握好时代发展的脉搏，引领"十四五"品牌建设的节奏，要重点把握三个重点。

第一，擦亮中国品牌的文化底色，塑造和丰富品牌的精神内涵。品牌代表了企业和产品的文化特质，质量的提升、功能的创造背后都是品牌文化的承载，从产品到品牌的升级过程，实际上是企业文化和产品文化的外在表达过程，内在精神的品牌提炼和外在表达是重中之重，不仅仅要善于从中国优秀传统文化中找到品牌文化的根和魂，更要培养对中国品牌文化的全球表达能力。

第二，升级区域品牌的生态系统，创造和培育品牌的发展样板。品牌创建离不开品牌主体、内部结构、价值链构成、外部环境，品牌创建行动应该是整个品牌生态系统的创建和提升行动，重点是通过发现和培育区域品牌生态高地和企业品牌生态样板，构建品牌引领下的区域经济发展新模式，实现更高质量、更加安全的社会经济发展。

第三，抓住绿色低碳的发展契机，提升和塑造品牌的绿色价值。品牌创建要紧紧抓住我国经济社会发展全面绿色转型的战略机遇点，把握住当前稳增长压力较小的窗口期，加快绿色品牌打造，提升和塑造品牌的绿色价值，为聚力双循环、引领新消费提供绿色动能和绿色服务。

品牌建设不仅仅要学会从不确定性中寻求确定性，更要适应在不确定性中实现品牌的发展，品牌建设不是一蹴而就的，需要久久为功的定力，要更加重视把握时代的主题和从阶段重点中找到企业品牌的差异化竞争力。

不忘初心，方得始终；牢记使命，砥砺前行。中国共产党建党百年，我国经历了从站起来、富起来到强起来的伟大飞跃，迎来了实现中华民族伟大复兴的光明前景，形成了坚持党的领导、坚持人民至上、坚持理论创新、坚持独立自主、坚持中国道路、坚持胸怀天下、坚持开拓创新、坚持敢于斗争、坚持统一战线、坚持自我革命的宝贵经验。

我们不会忘记毛泽东同志 1956 年在视察南京无线电厂时提出的"将来

我们也要有自己的名牌，要让全世界听到我们的声音"。

我们不会忘记邓小平同志 1992 年在视察珠海、深圳时提出的"我们应该有自己的拳头产品，创出我们中国自己的名牌，否则就要受人欺负"。

我们不会忘记江泽民同志 1998 年在苏南视察时提出的"要立民族志气，创世界名牌"。

我们不会忘记胡锦涛同志 2005 年在山东视察时提出的"要提高我们民族的自主创新能力，要拥有我们自己的核心技术，要拥有我们民族的世界品牌"。

我们不会忘记习近平同志 2014 年在河南考察时提出的"推进中国制造向中国创造转变，中国速度向中国质量转变，中国产品向中国品牌转变"等重要指示。

从百年商号坚守传承、民族品牌渐具雏形到工业体系日益完善、国有品牌扛起重任；从改革开放扬帆出海，中国制造走向世界到文化自信国货崛起，自主品牌价值引领；从穿越新民主主义革命的浩荡洪流，到经历社会主义革命和建设的火热浪潮，激荡在改革开放和社会主义现代化建设的时代风云，肩负着新时代中国特色社会主义的历史重任，百年建党精神业已融入中国品牌发展的精神谱系，成为推动中国经济高质量发展的引领力量。

站在两个一百年的历史交汇点，面对 2022 年即将召开的中国共产党第二十次全国代表大会，作为专门从事品牌战略研究的国家级研究机构，我们有责任为中国品牌的发展做出更冷静的思考、更科学的研判，也希望品牌蓝皮书成为更多品牌企业、品牌研究者开展研究的大平台、大舞台、大讲台。

以此文为即将完成的《中国品牌战略发展报告（2021~2022）》作序，坚信更多的中国品牌将走向卓越发展之路，与品牌业界同仁共勉。

品牌中国战略规划院创始人
刘振华
2022 年 1 月 5 日于北京

目 录 ⌐⌐

Ⅰ 总报告

Ⅱ 品牌战略前沿研究

Ⅲ 品牌评价研究创新

Ⅳ 品牌生态指数发展研究

Ⅴ 品牌生态指数评价报告

Ⅵ 重点行业品牌质量安全报告

Ⅶ 附 录

皮书数据库阅读 **使用指南**

总 报 告
General Report

B.1

中国品牌经济发展分析
及推动品牌战略发展建议*

《中国品牌战略发展报告（2021~2022）》课题组**

摘　要： 2021年中国开启了实现第二个百年奋斗目标的新起点，进入了
建设社会主义现代化国家的新征程，作为第十四个五年规划的开
局之年，面对全球经济从严峻复杂到复苏乏力的挑战、新冠肺炎
疫情从严重冲击到阴霾未散的影响，中国品牌经济坚持新发展理
念、构建新发展格局、协同推进高质量发展和美好生活建设，展
现出从触底反弹、快速回稳、逆势增长到稳中加固、稳中向好的
活跃态势，以强大的韧性，稳定的增长，为中国品牌的发展提供
了良好的外部环境和持续的增长动能。

---

* 本报告系《中国品牌战略发展报告（2021-2022）》课题组年度研究成果。

** 课题组组长：才大颖，品牌中国战略规划院副院长，《中国品牌战略发展报告》执行主编，
长期从事消费品品牌、品牌生态体系、轻奢品类、国企品牌和责任品牌等领域研究；课题组
副组长：孙瑞，研究方向为企业品牌竞争力、区域品牌生态、企业ESG与社会价值；课题组
副组长：张晗琪，研究方向为企业品牌竞争力、城市营商环境等。

关键词： 品牌战略　宏观形势　品牌风险　品牌发展水平

2021年中国开启了实现第二个百年奋斗目标的新起点，进入了建设社会主义现代化国家的新征程，作为第十四个五年规划的开局之年，面对全球经济从严峻复杂到复苏乏力的挑战、新冠肺炎疫情从严重冲击到阴霾未散的影响，中国品牌经济坚持新发展理念、构建新发展格局、协同推进高质量发展和美好生活建设，展现出从触底反弹、快速回稳、逆势增长到稳中加固、稳中向好的活跃态势，以强大的韧性，稳定的增长，为中国品牌的发展提供了良好的外部环境和持续的增长动能。

中国品牌生态指数分析显示，中国品牌生态指数（2021）达到102.41，同比增长1.08，其中经济支撑力指数为102.53，环境支撑力指数为101.63，消费支撑力指数为103.59，市场支撑力指数为102.88，产业支撑力指数为102.51，文化支撑力指数为101.95。品牌生态创建强度处于适度区间，其中适度偏强及过强的城市占到12%，标志着品牌生态创建正处于逐渐升温的过程中。

2021年我国品牌创建工作坚持习近平总书记"三个转变"的重要指示精神，贯彻"十四五"规划"开展中国品牌创建行动，保护发展中华老字号，提升自主品牌影响力和竞争力，率先在化妆品、服装、家纺、电子产品等消费品领域培育一批高端品牌"的指导意见，围绕自主创新、文化建设、知识产权、绿色低碳经济、乡村振兴等重大题材，结合我国经济发展的新特征、新趋势、新变化，围绕"国强民富"的总体目标，从中国制造到中国创造的内涵不断升级，从中国速度到中国质量的主张更加明确，从中国产品到中国品牌的路径更加清晰。

从中国制造向中国创造转变，中国经济正在从立足制造基础，激发和培育创造活力的发展阶段向整合创造优势、明确创造方向升级。过去的创造称为"穷人的创新"，催生中国企业在商业模式上以"价格敏感、压低成本"为特征的大胆创新，但当中国的人均收入即将进入12500美元高收入国家水平时，价格对居民消费的敏感性将不断降低。追求重大核心技术、加速培育专精特新隐形冠军体现了创新驱动的时代内涵，庞大的市场存量也标志着我们有能力通过市场需求、技术应用转化和完备的制造生态实现全球核心技术的集聚。

从中国速度向中国质量转变，中国经济正在从推动"中国速度""中国规模"的供给侧结构性改革发展阶段向关注需求、追求品质、去粗取精的需求侧管理和供给侧改革协调互动升级。围绕实现人民美好生活向往的目标，充分理解年轻一代的生活主张，重视中年人群品质生活需求侧引导，做好老年生活的全周期服务都蕴藏着庞大的市场红利，积极创建尊重绿色低碳、重视人文美学的生活方式成为实现品质生活的关键主张。

从中国产品向中国品牌转变，中国经济正在大力推动中国产品品牌化的发展阶段向全面塑造中国品牌全球共创共享升级。"一带一路"倡议共商、共享、共建的原则，政策沟通、设施联通、贸易畅通、资金融通、民心相通的合作模式，正在成为中国品牌全球化的新示范，全球命运共同体下的责任担当、文化相融、文明互鉴正在成为中国品牌服务全球的全新形象。以开放对抗封闭、以合作促进共赢，主动参与品牌国际化的新规则构建，为新一轮的品牌国际化发展谋得先机。

BrandZ 发布的 2021 年最具价值全球品牌排行榜 100 强数据显示，中国上榜品牌达到 18 个，位居世界第二；在 Brand Finance 的全球品牌价值 500强榜单中，2021 年中国品牌价值总额占比达 20.82%，位居世界第二；在世界品牌实验室公布的 2020 年世界品牌 500 强榜单中，中国品牌入选 43 个品牌，比上年上升一个位次，超过了英国、德国等传统品牌强国；2021 年财富 500 强榜单显示，中国入选企业的数量已经达到了 143 家，超过了美国的122 家。

2021 年中国品牌日，国务院总理李克强对我国品牌建设做出重要批示，指出"加强品牌建设、提升我国品牌影响力和竞争力，是优化供给、扩大需求、推动高质量发展的重要举措。各地区、各有关部门要坚持以习近平新时代中国特色社会主义思想为指导，认真贯彻党中央、国务院决策部署，坚

持质量第一效益优先，推动全社会牢固树立品牌意识，引导企业坚守专业精神、工匠精神，提升敢于在开放市场中公平竞争的勇气和能力，围绕市场特别是消费者需求，立足创新、追求卓越，在扩大对外开放、积极参与国际公平竞争中锻造品牌，努力提高产品和服务的质量与综合竞争力，使更多中国品牌成为国内外市场值得信赖的选择"。批示精神围绕品牌建设的目标意义、工作抓手和有形目标做出了明确的指示。

第一，提升品牌影响力和竞争力成为我国品牌建设的主要目标。提升品牌影响力和竞争力的政策意见，已经明确成为"十四五"规划中关于品牌建设的重要内容，并作为优化供给、扩大需求、推动高质量发展的重要举措，通过品类创新优化供给，通过品质提升扩大需求，通过品效合一推动高质量发展，持续加强对品牌影响力和竞争力的评估、监测、培育已经成为推动品牌建设的新要求。

第二，推动需求侧管理和供给侧结构性改革有效协同成为品牌建设的工作抓手。在坚持质量第一效益优先的前提下，社会层面牢固树立品牌意识，企业层面坚守专业精神和工匠精神，提升公平竞争勇气和能力，市场层面围绕需求不断创新，追求卓越，成为持续推动我国品牌建设工作的抓手。

第三，努力提高产品和服务的质量与综合竞争力，打造可信赖的品牌成为品牌建设的有形目标。在深化改革开放、积极参与国际合作，推动国内大循环和国际国内双循环的大趋势下，产品和服务的质量所表现出的竞争优势，成为品牌建设的主要内容，也形成了可信赖品牌的基本构成要件。可信赖的中国品牌，成为中国品牌建设的有形目标。

第四，品牌战略选择成为企业从成功到卓越的必选项。我国宏观经济从"三期叠加"向"三重压力"过渡，在需求收缩、供给冲击、预期转弱的三重压力面前，新老营销手段普遍失灵，品牌对企业的作用成为重新理解用户、增强用户黏性，用新供给增强预期、拓展需求，寻找新市场、新机会，企业对品牌的理解从广告和传播逐步倾向于战略升维和战略决胜。

从 2020 年末到 2021 年初，面对错综复杂的国内外环境，我们愈加明显地感受到原来不是问题的问题成了问题，原来一直是问题的问题还是问题，但出现问题的原因发生了变化。在 2021 年收官之际，种种不确定性正在演变成为新的确定性：疫情不稳定成为常态的确定性、中美博弈背后的逆全球化的确定性、人口红利褪去背后发展模式转化的确定性、新一轮经济周期背后社会需求引领技术创新的确定性。中国品牌正在面临一个新的分水岭，站在一个新的发展高度，面临着从优秀到卓越、从卓越到伟大的机会和挑战，我们似乎能够看得见未来，但没有可以学习和借鉴的榜样，我们似乎能够看得清道路，但似乎缺乏勇气和动力。

政府引领品牌发展的意识正在增强，工作更加务实；市场消费品牌的需求仍在增长，但消费需求正在演变；中国品牌的全球认知更加深化；但对品牌形象的期待悄然演变；区域品牌发展环境持续优化，但培育模式仍待创新；企业品牌建设的水平不断提高，但价值主张亟须更新；机构品牌服务能力不断提高，但引领性的创新仍显不足，品牌化发展的趋势没有改变，战略升级机遇空前、统筹发展和安全的风险不容忽视，本书课题组针对我国品牌战略发展的整体情况，根据品牌战略研究的基本规范，从中国宏观经济发展的总体趋势、主要经济体品牌经济的发展情况、我国品牌战略发展的总体趋势以及主要研究机构对我国品牌发展水平的评价四个方面开展了广泛调研和重点研究，形成了《中国品牌战略发展报告（2021~2022）》年度总报告。

一 中国宏观经济发展与品牌经济发展分析

（一）我国宏观经济发展总体趋势

根据国家统计局数据，2020 年中国国内生产总值 1015986 亿元，同比增长 2.3%[①]。2021 年一至三季度，我国国内累计生产总值分别达到249310.1 亿元、532167.5 亿元和 823131.3 亿元。一国品牌经济的发展有赖于综合国力的提升，可以从国内生产总值（GDP）、人均国内生产总值（人

---

① 《中华人民共和国 2020 年国民经济和社会发展统计公报》。

均 GDP）、总储备、外国直接投资净流入、服务贸易额、经常账户余额和社会消费品零售总额七个方面进行量化分析。

国内生产总值（GDP）反映一个国家的总体经济实力，也是衡量一国国际影响力的重要指标，2020 年我国国内生产总值达到 1015986 亿元，按可比价格计算，2021 年前三季度同比增长 9.8%，两年平均增长 5.2%，比上半年两年平均增速回落 0.1 个百分点。值得关注的是，2021 年前三季度我国高技术制造业同比增长约达 20.1%，两年平均增长 12.8%，其中新能源汽车在前三季度的增加值同比增长达 172.5%，高技术制造业正在成为品牌经济发展的活跃力量。

人均国内生产总值（人均 GDP）反映一国居民的消费能力和居民富裕水平。2020 年我国人均 GDP 达到 10504 美元，已经连续两年超过 1 万美元，2021 年前三季度，按照 6.47 的平均汇率计算，我国人均 GDP 达到了 0.9 万美元。综合近五年四季度人均 GDP 增长率数据，2021 年我国人均 GDP 将有望突破 1.26 万美元，我国将正式进入高收入国家行列。

总储备（官方储备资产），反映一国参与国际经济交往的结果。2020 年末中国官方储备资产规模为 33565.9 亿美元，同比增长 4.14%，截至 2021 年三季度，我国官方储备资产为 33730.16 亿美元，其中外汇储备规模占比从 2020 年末的 90.38% 上升到 94.89%，反映了我国贸易顺差和资本流入的积极表现。

外国直接投资净流入反映一国对外资吸引的能力。2020 年全年外商来华投资净流入 2125 亿美元，较 2019 年增长 14%，截至 2021 年三季度，我国来华直接投资净流入 2491 亿美元，超过上年全年水平，作为全球最大的外资流入国，我国国内经济稳定恢复、"稳外资"政策措施持续显效，起到了稳定外商投资预期和信心的作用。

服务贸易额体现了一国对外经济参与度。2020 年我国服务贸易进出口总额达到 45642.7 亿元，同比下降 15.7%，服务出口明显好于进口，贸易逆差减少，其中知识密集型服务贸易占比达到 55.3%，截至 2021 年 7 月，我国服务贸易进出口总额达到 28093.6 亿元，同比增长 7.2%；出口达到 13373.1 亿元，同比增长 23.2%；进口达到 14720.5 亿元，同比下降 4.0%。

经常账户余额体现一国对外经济参与度。2020年，我国经常账户顺差20437亿元，2021年前三季度经常账户余额2028亿美元，与同期国内生产总值（GDP）之比为1.6%，处于合理均衡区间，其中货物贸易顺差3796亿美元，同比增长16%，服务贸易逆差收窄到821亿美元，同比下降30%，其中知识产权使用费收入和支出分别增长39%、24%，逆差继续收窄。

社会消费品零售总额反映一国消费市场的规模。2020年我国社会消费品零售总额391981亿元，同比下降3.9%，2021年前三季度社会消费品零售总额318057亿元，同比增长16.4%，其中一、二季度分别增长33.9%和12.1%，其中城镇消费品零售总额275888亿元，同比增长16.5%，占比为86.74%，比上年末增长0.23个百分点；乡村消费品零售总额42169亿元，同比增长15.6%，占比为13.26%，比上年末下降0.23个百分点。按消费类型看，商品零售285307亿元，同比增长15.0%，占比为89.70%，比上年末下降0.21个百分点；餐饮收入32750亿元，增长29.8%，占比为10.30%，比上年末上升0.21个百分点。

从2020年全年到2021年三季度宏观经济数据表现看，中国经济继续保持恢复态势，从供给侧看生产形势总体良好，需求侧消费压舱石作用明显，相比2020年上半年多项指标同比负增长的状态，三季度规模以上工业增加值、社会消费品零售总额、固定资产投资增速、进出口总额、居民人均可支配收入增速均开始实现正增长。经济数据的向好构成了中国品牌经济持续发展的坚实基础，经济数据的结构性变化，也反映出需求侧消费能力尚未回暖和供给侧消费驱动力开始下降的态势，在平台经济、娱乐经济、在线教育监管从严的背景下，探索、挖掘和激活持续推动品牌经济发展的创新因子仍是我国品牌发展的关键问题。[①]

（二）我国品牌经济运行质量分析

品牌经济是更高质量发展的经济形态，是高质量发展和人民生活水平发

---

① 数据部分引自《中华人民共和国2020年国民经济和社会发展统计公报》及国家统计局、国家外汇管理局、国家商务部的相关公报。

展的表现，衡量品牌经济发展水平，需要从品牌经济发展的区域结构、产业结构、居民收支结构、社会消费结构、外贸和投资结构五个方面衡量。

第一，品牌经济区域结构分析。

社会消费品零售总额的城乡差异是体现品牌经济区域结构的代表性指标。2021年前三季度城镇消费品零售总额同比增长16.4%，乡村消费品零售总额同比增长15.6%，与上年同期相比，增速差扩大了1.5个百分点，与上年末相比，增速差扩大了1.7个百分点，占比之差也略有扩大，2021年城乡消费品零售总额增速和占比的剪刀差正在呈现扩大趋势。城镇作为品牌经济主阵地的优势地位没有改变，增强乡村消费的品牌内涵仍大有可为。

第二，品牌经济产业结构分析。

第三产业的繁荣水平是品牌经济发展的重要表现。2020年，我国第一产业增加值77754亿元，同比增长3.0%；第二产业增加值384255亿元，同比增长2.6%；第三产业增加值553977亿元，同比增长2.1%。三次产业增加值占国内生产总值的比重分别为7.7%、37.8%和54.5%。第三产业增加值占比高出上年0.6个百分点。2021年，前三季度服务业增加值450761亿元，同比增长9.5%，占国内生产总值的比重为54.8%，对经济增长的贡献率为54.2%，拉动国内生产总值增长5.3个百分点，均优于上年同期水平。信息传输、软件和信息技术服务业，金融业增加值同比分别增长19.3%和4.5%，保持了2020年以来的增长态势。2021年1~8月，规模以上供应链管理服务业企业营业收入同比增长50.0%，增速快于规模以上服务业企业营业收入24.4个百分点，反映了我国制造业加快数字化转型的态势。

第三，品牌经济居民收支结构分析。

全国居民人均可支配收入的结构变化反映了品牌经济的发展趋势。2020年全国居民人均可支配收入32189元，比上年增长4.7%，其中城镇居民人均可支配收入43834元，比上年增长3.5%；农村居民人均可支配收入17131元，比上年增长6.9%，城乡居民人均可支配收入比值为2.56，比上年缩小0.08。城乡居民消费能力日趋接近。从消费支出看，2020年，城镇居民人均消费支出27007元，同比下降3.8%；农村居民人均消费支出

13713 元，同比增长 2.9%，农村居民人均消费支出正进入持续增长的窗口期，农村市场也是品牌经济未来持续发力的蓝海市场。

第四，品牌经济社会消费结构分析。

社会消费品零售的商品结构和恩格尔系数的变化反映了品牌经济的市场变化趋势。2020 年全年限额以上单位商品零售额中，尽管受到新冠肺炎疫情影响，但具有消费升级和健康消费特征的化妆品类（增长 9.5%）、日用品类（增长 7.5%）、中西药品类（增长 7.8%）、通信器材类（增长 12.9%）都有不同程度的增长。2020 年全国居民恩格尔系数为 30.2%，同比增长 2 个百分点，其中城镇为 29.2%，农村为 32.7%。人均服务性消费支出 9037 元，比上年下降 8.6%，

第五，品牌经济外贸和投资结构分析。

2020 年我国实现货物进出口总额 321557 亿元，比上年增长 1.9%。其中，出口 179326 亿元，增长 4.0%；进口 142231 亿元，下降 0.7%。顺差 37095 亿元，比上年增加 7976 亿元。全年实现一般贸易出口 106460 亿元，同比增长 6.9%，高出平均增长率 2.9 个百分点，其中高新技术产品出口增长 6.5%。从对外投资看，2020 年我国全行业对外直接投资中非金融类直接投资额 7598 亿元（折合 1102 亿美元），比上年下降 0.4%，其中，对共建"一带一路"沿线国家非金融类直接投资额 178 亿美元，同比增长 18.3%。租赁和商务服务业、制造业、批发和零售业为对外投资的主要行业，批发和零售业、租赁和商务服务业投资增长较快，交通运输、仓储和邮政业投资下降较快。批发和零售业对外投资增速加快有助于我国品牌全球化的可持续发展。①

（三）中国品牌经济发展面临的机遇与挑战

2021 年是中国实现第二个百年奋斗目标和进入第十四个五年规划的开

---

① 数据部分引自《中华人民共和国 2020 年国民经济和社会发展统计公报》、国家统计局、国家外汇管理局、国家商务部。

局之年，中国经济正在进入一个新的分水岭，推动品牌发展的策略、工具、模式这些传统力量正在发生质的变化，自 2020 年以来经济发展中出现的大量不确定性因素正在逐渐成为新的确定性变量，比如疫情不稳定成为新的确定性、中美博弈背后的逆全球化成为新的确定性、寻找人口红利褪去后新红利成为新的确定性、新一轮经济周期背后通过社会需求引领技术应用创新成为新的确定性。中国品牌正在面临一个新的分水岭，站在一个新的发展高度，面临着从优秀到卓越、从卓越到伟大的机会和挑战，我们似乎能够看得见未来，但没有可以学习和借鉴的榜样，我们似乎能够看得清道路，但缺乏倒逼发展的动力。

2021 年中国企业开始关注品牌在中美博弈引发的逆全球化风向中如何避其锋芒，开始重视品牌在国内国际双循环新发展格局中的价值定位，开始思考品牌在强监管时代新的生存方式和发展逻辑。后疫情时代数字消费的场景渗透和扩张、年青一代消费能力的崛起、文化自信对中国品牌的青睐、消费升级引发的体验升级都在加速品牌新陈代谢的频率，中国品牌的加速迭代将更加常态化。

第一，中国品牌发展面临的风险是空前复杂的。中美博弈引发的逆全球化和地缘政治仍将持续，中国品牌不仅要做好随时应对"黑天鹅"事件的准备，也要充分关注身边潜在的"灰犀牛"事件的爆发。在中国品牌加速进入全球市场的进程中，我们正在经历大国博弈的政治角力，风险更加复杂多变，内外部问题的交织也更加普遍。是纠结一城一池的得失，还是暗度陈仓精彩破局，中国品牌没有可以借鉴和模仿的样本，需要具有独立思考谋篇布局的战略思维。

第二，中国品牌发展的价值定位需要战略提升。国内国际双循环的新发展格局是未来中国经济发展的确定性趋势，共同富裕的政策主张，对品牌发展的整体思路将产生根本性的影响，疫情的暴发虽然在一定程度上隐藏了这种趋势，却加速了更多全新的表现形式的产生，站在产业链的高地思考品牌的价值链构成、从全球命运共同体的视角重视对品牌责任的建设，将成为每个中国企业新的价值思考。

第三，中国品牌的政策环境经历了时代变迁，共同富裕的政策目标下，强监管与新模式并存的时代已经到来，房地产、线上教育、娱乐经济、平台经济这些品牌新贵需要更快地适应强监管时代的政策要求，需要更主动地适应与实体经济融合发展的政策要求，只有做时代的企业才能成为成功的企业。

第四，中国品牌的供需场景面临根本改变。数字化场景正在从消费端向生产端加速渗透，企业品牌建设的要求正在从促进市场增长向优化企业生态升级；以 Z 世代为代表的年青一代的消费实力正在崛起，以精神消费、共享消费、社交消费、个性消费为典型特征的新消费价值观已经形成，与 X 世代、Y 世代相比，Z 世代崛起的新消费时代代际边界更加模糊；从国货到国潮，从国潮到国牌，中国品牌正处于从"觉醒"到"崛起"的关键时刻，在随波逐流中沉淀品牌的力量，才能成就新的品牌经典。场景创新和品牌迭代将更加常态化。

在此基础上，更多中国品牌开始思考影响中国品牌未来走势的根本性因素，这些因素将会直接影响中国品牌未来二十年到三十年的趋势。一些传统的、稳定的变量对品牌发展的影响在 2021 年更加清晰地表现出来。

第一，边缘地带中心化成为城市化的新趋势。内陆的省会城市开始成为发展速度最快的地方，也是发展机会更多的地方，中国区域经济更加均衡地发展成为趋势，更多的边缘城市开始成为创新的前沿，中心城市反而更加稳定。品牌在三四线市场的下沉，对三四线市场的把控，越来越重要。

第二，专精特新品牌化成为工业化发展的新趋势。越来越多的企业认识到企业做大并不意味着成功，做产业链、创新链的关键环节，抓住专精特新的关键一招才是企业基业长青的根本，小而美的企业才是真正具有品牌活力的企业，才是品牌投资的价值洼地。

第三，全周期管理成为老龄化发展的新趋势。越来越多的企业开始意识到老龄产业的关键不是养老场所而是养老服务。建立老龄市场的典型特征是形成全周期管理的模式，这方面的创新才是真正有价值的创新，才是能够产

生老龄产业头部品牌的关键。

第四，需求侧引领才是技术化发展的新未来。中国是应用技术转化的大国，中国对技术创新的要求正在从追求商业创新的发展阶段进入追求技术创新的新阶段，在成为最广阔的技术应用转化市场的基础上，实现核心技术突破将会进入一个新的发展高地。

城市化、工业化、老龄化、技术化这些传统的变量对品牌经济发展的影响已经不再是潜移默化，而成为更加具有确定性、更加清晰化的影响因子。中国品牌经济将迎来一个百花齐放、百鸟争鸣的新一轮创新周期，每个属于新生代的品牌都有机会成为新的经典，而无法与时俱进的品牌必将被时代所淘汰。

二 主要经济体宏观经济与品牌发展趋势

随着新冠肺炎疫苗接种率的提高以及相关限制措施的逐步解除，2020年四季度到2021年上半年，全球经济明显复苏。但疫苗分配不均导致贫富国家出现疫苗鸿沟，许多新兴经济体仍面临疫情冲击，2021年上半年GDP增长数据已经反映出新兴经济体的经济复苏程度远低于美欧等发达经济体。

从2021年上半年数据来看，全球GDP总量前20强经济体依次是美国、中国、日本、德国、英国、印度、法国、意大利、加拿大、韩国、澳大利亚、巴西、俄罗斯、西班牙、墨西哥、印度尼西亚、荷兰、瑞士、沙特阿拉伯和土耳其。与2020年末相比，基本位次保持不变，澳大利亚、沙特阿拉伯的排位上升，但俄罗斯和土耳其的排位出现了下降。

从经济增长速度看，2021年上半年全球大部分国家的经济普遍开始复苏，在前20强国家中除了沙特阿拉伯有略微下跌以外，其余国家同比都出现了较高速度的回升。但考虑到上年基数过低的因素，各国的两年GDP平均实际增长率客观反映了新冠肺炎疫情对其经济的冲击还是比较明显的。除了我国和土耳其的两年平均增幅在4%以上外，其余正增长的国家增幅都在2%以内。英国、意大利、西班牙等传统欧洲品牌强国的两年GDP实际平均增速在-2%以上，是此轮疫情经济损失比较大的国家（见表1）。

表 1　2021 年上半年全球 GDP 前 20 强国家比较

排序	国家和地区	2021 年上半年（亿美元）	2020 年上半年（亿美元）	增量（亿美元）	实际增速（%）	美元名义增速（%）	两年平均实际增速（%）	与上年末排序相比
1	美国	110718.9	101396.4	9322.5	6.0	9.2	0.7	
2	中国	82228.5	64934.6	17293.9	12.7	26.6	5.3	
3	日本	25112.0	24415.6	696.4	2.9	2.9	-1.7	
4	德国	20571.4	17877.2	2694.2	2.7	15.1	-1.9	
5	英国	15205.9	12792.1	2413.8	6.2	18.9	-3.1	
6	印度	14726.9	12337.4	2389.5	9.3	19.4	-1.1	
7	法国	14600.3	11976.4	2623.9	9.8	21.9	-1.8	
8	意大利	10290.3	8552.9	1737.4	8.9	20.3	-2.2	
9	加拿大	9443.0	7811.1	1631.9	5.3	20.9	-0.4	
10	韩国	8861.7	7708.8	1152.9	4.0	15.0	1.6	
11	澳大利亚	8141.1	6306.1	1835.0	5.4	29.1	1.3	+2
12	巴西	7782.1	7218.6	563.5	6.4	7.8	0.2	
13	俄罗斯	7752.6	6983.1	769.5	4.8	11.0	0.6	-2
14	西班牙	7069.6	5959.9	1109.7	6.7	18.6	-3.6	
15	墨西哥	6301.1	5134.6	1166.5	6.9	22.7	-1.9	
16	印度尼西亚	5697.2	5212.7	484.5	3.1	9.3	0.9	
17	荷兰	5018.2	4337.0	681.2	3.5	15.7	-0.7	
18	瑞士	3960.9	3571.1	389.8	3.4	10.9	0.0	
19	沙特阿拉伯	3843.9	3359.4	484.5	-0.7	14.4	-2.3	+1
20	土耳其	3770.2	3287.9	482.3	14.3	14.7	4.1	-1

资料来源：世界银行网站。

从 2019 年新冠肺炎疫情暴发到 2021 年，尽管复苏势头逐渐明显，但各国封锁措施造成的滞后影响仍在持续，从全球经济来看，大面积停摆、失业率飙升，GDP 大幅下滑的风险仍然很高，特别是 2021 年上半年以来，受疫情反复影响，一些国家被迫重新"禁足"，经济活动再次收缩，雪上加霜；更多国家在"保生命"和"保生计"之间艰难平衡"带病重启"，经济复苏隐患很大，全球品牌经济发展遭遇普遍重创。以实体店、商超为主要渠道的国际品牌遭受重创，微软、苹果、LVMH、开云、耐克、阿迪达斯、优衣

库、H&M 等纷纷宣布关停北美或欧洲门店，以防止疫情的扩散，并开始全面转型线上销售。而疫情对国际品牌更为深远的影响在于对供应链的影响，作为全球最大的制造业国家，中国经济的快速复苏，为全球品牌经济的复苏做出了突出贡献，也加速了研发和市场等价值高地向中国的倾斜。

（一）美国宏观经济表现与品牌发展趋势

美国在此次新冠肺炎疫情防控中的表现饱受争议，作为全球头号发达国家，先进的医药科技和医疗体系没有有效地控制疫情的蔓延，疫情暴发以来，股市连续暴跌、国债收益率大幅走低，美联储多次采取量化宽松措施，推出多项货币政策工具，持续购买美国国债和抵押贷款支持证券以支撑美国经济抵御新冠肺炎疫情冲击，并不设额度上限，直接为实体企业提供信贷支持。

受新冠肺炎疫情影响，2020 年绝大多数美国小企业的收入下降，在美联储调查的近 10000 家小企业中，95% 的企业表示，它们的业务受到了疫情的影响。78% 的企业报告收入下降，46% 的企业表示它们不得不裁员。根据美国相关部门统计，2020 年美国申请破产的企业数比上年增长 18%，2020 年以来已有超过 500 家较大规模企业申请破产，已经达到了 10 年来的最高点。在申请破产的企业中，消费、工业和能源企业占了大头。

美国境内和海外新冠肺炎确诊病例数不断攀升，使未来经济复苏面临挑战。但美国经济的存量优势和成功的财政和货币政策干预，使美国经济增长依然优于欧元区国家以及英国和日本等。但受供应链和市场消费预期减弱影响，美国品牌经济的发展仍将维持低位运行态势。

（二）欧洲宏观经济表现与品牌发展趋势

受疫情影响，欧洲经济在 2021 年一季度延续了上年的颓势，欧元区和英国一季度的 GDP 均出现了同比下降。欧洲也出台了规模超过金融危机时期的宽松货币和财政刺激政策，疫苗接种进程的加快，以及二季度"禁足令"逐步解封和欧洲杯的顺利举办，为其经济重新注入复苏信心，欧洲经济在二季度止跌回涨，但放松隔离和重启经济也带来疫情快速反弹的问题，新增病例数连创新高。迫于"二次疫情"，英、法、德、西等主要欧洲国家相继重新实施"禁足"。"二次疫情"及"二次封锁"下，欧洲经济复苏势头再次呈现放缓态势。

受益于新冠肺炎疫苗的大规模接种、美欧关系加快回暖、欧洲央行货币宽松政策的持续加码，欧元区经济恢复的前景依然乐观，但考虑到此轮疫情冲击客观上已经造成了欧洲南北经济鸿沟进一步扩大的趋势，引发对欧盟国家在利益分配上的焦虑，成员国集体抵御风险的能力正在削弱，复苏道路依然崎岖。同时，欧洲各国实体经济的平均运营亏损进一步扩大，普遍面临现金流危机的风险，西班牙和意大利的受影响程度更加明显。

受益于"一带一路"倡议和中国市场的复苏，欧洲品牌经济与中国市场的联系日益密切，逐步走向深度融合。欧洲品牌经济的中国身影和中国基因将会越来越多。

（三）日本宏观经济表现与品牌发展趋势

2020 年日本对新冠肺炎疫情采取了有效的防控措施，下半年数据显示日本经济复苏明显，三、四季度 GDP 分别环比上升 5.3% 和 2.8%。但 2021 年 1 月份疫情复燃，导致整个一季度 GDP 环比下降 1.0%，四月下旬疫情的再次复燃，为二季度经济复苏蒙上了阴影。受疫情影响，日本东京奥运会的经济拉动效应也大打折扣，举办规模与观众人数大幅下降。

日本是典型的以消费驱动为主的经济体，2021 年私人消费占日本 GDP 的一半以上，紧急状态令导致私人消费下降 1.5%，从具体数据看，家庭消费减少 3%、汽车产业下降 1.2%；出口从上年四季度环比增幅 11.7% 直线下跌到 2021 年一季度的 2.2%。[①]

根据日本《帝国数据库》有关资料，截至 2021 年 6 月 10 日，日本全国受新冠肺炎疫情影响的破产案件达到了 1589 件。其 1 亿日元以下的小规模

---

① 数据源自日本经济研究中心 2021 年中期经济预测。

破产为 900 件，占比为 56.6%，100 亿日元以上的大规模破产为 5 件，占比为 0.3%。疫情除了带来国民生命和健康的损失以外，也重创了日本原本就停滞不前的经济。由于无法正常开门经营，大量的餐饮、零售店只能关门，餐饮业破产案件已经达到 265 件，其次是受近期材料价格飞涨和供货困难的双重影响，建筑施工类企业破产案件达到 154 件，酒店、宾馆类企业达到 91 件，服装零售业达到 79 件。

尽管日本品牌经济受消费下挫影响依然持续，但日本品牌强大的文化内涵支撑起日本品牌强大的发展韧性，成为日本经济发展中信心的保证，以匠人精神为代表的百年品牌对日本经济发展体现出很强的跨周期价值。

（四）新兴经济体宏观经济表现与品牌发展趋势

金砖国家是发展中国家的代表，其所处环境、经贸政策、疫情防控等方面存在较大差异，受疫情冲击影响也略有不同。除中国外，印度、巴西、俄罗斯累计确诊病例分居全球第 2 到第 4 位，南非位居第 17，但其总人口感染率并不亚于印度。经济表现方面，除中国外，其他金砖国家 2021 年上半年经济均大幅萎缩。主要经济体的复苏对新兴经济体起到了一定的带动效应，但具体到各个新兴经济体的发展现状和前景却喜忧参半。

2021 年一季度印度 GDP 总量超过英国，重返世界第五，但是二季度严峻的疫情形势导致其经济出现重大滑坡，经济活动大范围"停摆"，GDP 同比骤降。尽管欧美主要经济体复苏对印度制造业品牌起到了一定的拉动作用，但消费经济仍然下挫明显，供应链不稳定仍然是印度品牌经济发展的最大障碍。

俄罗斯经济对油气收入有很大的依赖性，受疫情影响，全球油气需求萎缩，油气价格大幅下降，2020 年俄罗斯原油出口和天然气出口价格均接近"腰斩"，2021 年 3 月俄罗斯经济实现止跌回升，二季度 GDP 同比保持了 10% 左右的增长，经济复苏势头表现强劲。能源出口对俄罗斯品牌经济发展的影响更加深刻，地缘纠纷引发的长期经济发展态势仍不明朗，俄罗斯品牌经济内生发展动力仍显不足。

巴西经济结构中,服务业增加值占 GDP 的 63%左右,服务业是受大范围关闭商业活动等社会隔离措施冲击最大的行业,IMF 发布的《全球经济展望》指出,巴西正在出现近 120 年以来最大的经济衰退,GDP 同比下降不断扩大,2021 年二季度开始出现积极信号,环比增长 0.1%,但受到严重疫情、失业率高的影响,巴西经济复苏还有很大的不确定性,而巴西品牌经济仍未显示出明显的引领复苏和支撑回暖的发展信心。

南非经济多年疲弱,高债务、高失业率等问题比较严重。疫情的暴发更使南非经济雪上加霜。2020 年南非 GDP 降幅在全球仅次于印度,在金砖国家新开发银行两笔 10 亿美元贷款的帮助下,2021 年一季度 GDP 环比增长 1.1%,连续三个季度实现正增长,呈现积极向好的恢复势头。南非品牌经济仍处于恢复阶段,有赖于非洲经济的整体回暖。

供应链不稳、市场需求不畅、内生动力不足、发展信心不强成为新兴经济体(除中国外)品牌经济发展的主要问题,新冠肺炎疫情反复令印度、俄罗斯、巴西和南非等新兴经济体发展面临的挑战更加错综复杂。

三 国际品牌评价机构对中国企业品牌的评价

(一)世界品牌实验室:世界品牌500强评价

2020 年 12 月 12 日,世界品牌实验室(World Brand Lab)独家编制的 2020 年度(第十七届)《世界品牌 500 强》排行榜正式颁布,按照市场占有率(Market Share)、品牌忠诚度(Brand Loyalty)和全球领导力(Global Leadership)的分值,世界品牌实验室对全球 15000 个知名品牌进行了综合评分,最终推出了世界最具影响力的 500 个品牌。2020 年度共有 43 个中国品牌入选《世界品牌 500 强》,比上年增加 3 个品牌(见表 2)。

从入选品牌总数上看,中国入选品牌位居美国、法国、日本之后。美国占据 500 强中的 204 个,继续保持世界品牌第一强国的位置;欧洲传统强国法国、英国和德国分别以 45 个、40 个和 27 个品牌上榜位列第 2、第 5、第

6位。

从变化趋势上看，与2019年相比，美国、英国和瑞士的上榜品牌总量下降，法国、意大利等奢侈品品牌强国上榜总量上升。

表2　2020年《世界品牌500强》入选数量最多的前10位国家

单位：个

排名	国家	品牌数量			变化趋势
		2020年	2019年	2018年	
1	美国	204	208	223	下降
2	法国	45	43	43	上升
3	日本	44	42	39	上升
4	中国	43	40	38	上升
5	英国	40	44	42	下降
6	德国	27	27	26	稳定
7	瑞士	18	21	21	下降
8	意大利	15	14	15	上升
9	荷兰	9	9	9	稳定
10	加拿大	7	7	7	稳定
10	韩国	7	6	7	上升

资料来源：2020年《世界品牌500强》榜单。

虽然中国入选品牌总数比上年略有上升，但与世界第二大经济体的位置仍不相称，与2019年相比，中海油、宝武、周大福、招商银行、北大荒成为新上榜品牌，而华润、中国航天科工跌出世界品牌500强榜单。中国光大集团、五粮液、茅台成为涨幅较大的品牌，百度、中信集团排名均有不同程度的下跌（见表3）。其中入围前100强企业品牌总数为9家企业。

表3　2020年入选《世界品牌500强》的中国品牌基本情况

中国排名	2020排名	2019排名	品牌名称	行业	名次涨幅
1	25	28	国家电网	能源	3
2	33	36	腾讯	互联网	3
3	39	41	海尔	物联网生态	2
4	42	44	中国工商银行	银行	2

续表

中国排名	2020 排名	2019 排名	品牌名称	行业	名次涨幅
5	53	51	华为	计算机与通信	−2
6	62	64	中央电视台	传媒	2
7	68	75	阿里巴巴	互联网	7
8	91	88	中国移动	电信	−3
9	95	99	联想	计算机与通信	4
10	127	132	中国人寿	保险	5
11	138	137	中国石油	能源	−1
12	145	142	中国石化	能源	−3
13	147	165	中国平安	保险	18
14	198	208	中粮	多元化	10
15	199	210	中国银行	银行	11
16	203	211	中国建设银行	银行	8
17	232	232	中国联通	电信	0
18	246	245	中国电信	电信	−1
19	270	300	茅台	食品与饮料	30
20	272	302	五粮液	食品与饮料	30
21	278	293	中国南方电网	能源	15
22	282	281	国航	航空	−1
23	285	283	长虹	电子电气	−2
24	290	223	百度	互联网	−67
25	297	306	青岛啤酒	食品与饮料	9
26	301	402	中国光大集团	多元金融	101
27	304	239	中信集团	多元金融	−65
28	306	—	中海油	能源	
29	315	320	中化	能源	5
30	317	321	中国建筑	工程与建筑	4
31	322	317	中国中车	交通运输	−5
32	338	350	中国农业银行	银行	12
33	340	—	宝武	钢铁	
34	345	348	人民日报	传媒	3
35	358	370	中国铁建	工程与建筑	12
36	364	365	新华社	传媒	1
37	377	—	周大福	钟表与珠宝	
38	386	—	招商银行	银行	

续表

中国排名	2020 排名	2019 排名	品牌名称	行业	名次涨幅
39	398	415	恒力	石化、纺织	17
40	409	427	徐工	工业设备	18
41	430	—	北大荒	农业	
42	465	470	魏桥	纺织	5
43	490	483	台积电	计算机与通信	-7

资料来源：2020 年《世界品牌 500 强》榜单。

从入选品牌所属行业上看，入选数量最多的行业依次是能源、银行、传媒、电信、互联网、计算机与通信、食品与饮料等行业，入围数量都在 3 家以上，与上年相比，行业分布没有明显的变化。

中国入选品牌的行业分布与《世界品牌 500 强》总榜单行业分布存在较大差异，全球入选品牌数量靠前的行业依次是汽车与零件、食品与饮料、传媒、零售、能源、互联网、银行、计算机与通信、电信、保险等行业。在汽车与零件行业，全球有 35 个品牌入选，中国品牌依然未实现零的突破；在食品与饮料行业，全球有 32 个品牌入选，中国品牌仅有 3 个，且均属于酿酒行业，行业单一性明显；在传媒行业，全球有 28 个品牌入选，中国品牌依然仅有 3 个；在互联网行业，全球有 24 个企业入选，中国品牌仅有 3 个；在零售行业，全球有 23 个品牌入选，中国品牌没有入选；在能源行业和银行领域，中国品牌分别有 6 个和 5 个，也是占比最高的行业（见表 4）。

表 4　2020 年《世界品牌 500 强》中国与全球入选品牌所属行业比较

单位：个，%

行业	全球入选数量	中国入选数量	占比
汽车与零件	35	0	0
食品与饮料	32	3	9.4
传媒	28	3	10.7
能源	24	6	25.0
互联网	24	3	12.5
零售	23	0	0

行业	全球入选数量	中国入选数量	占比
计算机与通信	22	3	13.6
电信	20	3	15.0
银行	20	5	25.0
多元金融	19	2	10.5

资料来源：2020 年《世界品牌 500 强》榜单。

（二）BrandZ：全球品牌价值100强评价

在 2021 年《BrandZ 全球品牌价值 100 强》评价中，共有 18 个中国品牌入围 100 强名单，腾讯和阿里巴巴进入前 10 强名单，拼多多和贝壳找房成为新上榜品牌。从品牌价值变化情况看，有 12 个品牌实现了品牌价值的增长，有 8 个品牌实现了排名的上升（见表 5）。

从 2021 年榜单全球品牌价值结构性变化趋势来看，最顶尖品牌来自科技行业，全球前十名中有 7 个来自科技行业，中国的上榜品牌也表现出同样的趋势。

表 5　2021 年《BrandZ 全球品牌价值 100 强》中国入围品牌

2021 年排名	2020 年排名	品牌名称	2021 年品牌价值（亿美元）	品牌价值变化（％）
5	7	腾讯	2409.31	60
7	6	阿里巴巴	1969.12	29
11	18	茅台	1093.30	103
34	54	美团	523.65	119
44	52	京东	445.16	75
45	79	抖音	435.16	158
49	38	中国平安	380.54	13
50	45	华为	380.21	29
51	31	中国工商银行	377.65	−1

2021 全球排名	2020 年排名	品牌名称	2021 品牌价值（亿美元）	品牌价值变化（%）
65	68	海尔	264.22	41
68	36	中国移动	258.21	−25
70	81	小米	248.85	50
77	91	百度	233.58	57
81	—	拼多多	217.32	
87	73	友邦保险	205.99	16
93	64	滴滴出行	200.41	0
94	58	中国建设银行	197.76	−6
96	—	贝壳找房	194.93	

资料来源：2021《BrandZ 全球品牌价值 100 强》。

（三）Brand Finance:《2021年全球品牌价值500强报告》

在 2021 年《Brand Finance 全球品牌价值 500 强》评价中，共有 84 个中国品牌入围 500 强榜单，位居美国（197 个）之后，中国品牌价值总和达到 1483.3 亿美元，全球品牌价值贡献度为 20.8%，中国工商银行、微信、中国建设银行、腾讯、华为、国家电网、中国平安、淘宝、中国农业银行、天猫、中国银行、茅台、阿里巴巴、中国移动、中国石油、中国建筑、中国石化、五粮液、京东、中国人寿、招商银行、中国恒大、碧桂园等企业进入前 100 强榜单。

品牌价值增长速度最快的企业中，阿里巴巴、京东、美团、天猫、顺丰增长速度较快，其中阿里巴巴同比增长 108.1%，居全球第二位，仅次于特斯拉。

《2021 年全球品牌价值 500 强报告》充分反映了中国品牌的规模价值和新经济品牌的增长价值，是当前中国品牌基本发展面的客观写照。

四 推动中国品牌战略发展的综合建议

2021 年，面对国内外环境的多重挑战，构建新发展格局迈出新步伐，高质量发展取得新成效，中国经济实现了"十四五"良好开局，但依然面临经济发展需求收缩、供给冲击、预期转弱三重压力，缺煤、缺电、缺芯、缺柜、缺工等典型问题仍待解决；世纪疫情反复冲击，百年变局加速演进，逆全球化挑战依然严峻，不确定性愈加增强。

2021 年中央经济工作会议首次提出需求收缩、供给冲击、预期转弱三重压力，宏观经济从"三期叠加"向"三重压力"过渡，在增长速度换挡期、结构调整阵痛期和前期刺激政策消化期阶段，品牌对企业的作用是维持老业务、拓展新业务，通过寻找平台和流量，营销手段是关键，品牌更侧重于营销理解，而在需求收缩、供给冲击、预期转弱三重压力面前，新老营销手段普遍失灵，品牌对企业的作用成为重新理解用户、增强用户黏性，用新供给增强预期、拓展需求，找新市场、新机会，因此品牌更倾向于战略理解。中国品牌经济发展正在进入一个旧力已弱、新力未强的新阶段。结合 2022 年宏观经济走势和重大挑战，《中国品牌战略发展报告》课题组围绕深化推动中国品牌战略发展提出如下建议。

第一，围绕共同富裕思考品牌经济发展问题。共同富裕是一个长期艰苦奋斗的过程，是全体人民共同富裕，是人民群众物质生活和精神生活都富裕，不是少数人的富裕，也不是整齐划一的平均主义。品牌创建工作要紧紧围绕共同富裕的内涵，要在遵循鼓励勤劳创新致富原则的基础上丰富品牌的时代内涵，要在坚持基本经济制度的基础上思考品牌的社会价值，要在尽力而为量力而行防止落入福利主义的基础上思考品牌的价值追求，要在体现循序渐进的阶段性策略的基础上思考品牌的升级路径。坚定不移、坚持不懈地把实现共同富裕写入品牌创建的根本宗旨中。

第二，要在推动资本有序发展过程中做强品牌无形资产。品牌是企业的重要无形资产，要积极发挥品牌引领作用、增强价值转化能力，引导资本支

持实体经济、支持科技创新，在依法加强对资本的有效监管、防止资本野蛮生长的同时，认真研究、勇于实践通过品牌的力量支持和引导资本规范健康发展。鼓励企业开展品牌资产确权规划，建立企业品牌资产保值增值的发展路径。

第三，要增强品牌风险意识，开展品牌安全评价。必须进一步加强企业品牌风险忧患意识，树立底线思维，统筹风险和安全两件大事，要牢固树立品牌风险是企业最高风险的观念，要从维护品牌可持续发展的高度，审视企业面临的宏观环境、行业变动、企业战略、品牌战略、品牌运营、企业生产、企业管理、营销渠道、市场竞争、公共危机等内外部风险。

第四，要围绕双碳目标的实现赋予品牌新的内涵。我国力争在 2030 年前实现碳达峰，2060 年前实现碳中和，这事关中华民族永续发展和构建人类命运共同体。积极采取碳中和的做法将成为品牌新的竞争优势，实现碳中和正在被越来越多的品牌视为转型、创新、提升竞争力的有效杠杆，企业绿色低碳发展正在从企业的愿尽责任逐步向必尽责任转化，碳减排方面的行动方案、战略规划、管理变革和品牌建设都需要适应碳化改造，品牌建设正在从谈产品功能、谈用户价值转向谈可持续发展，这个领域的所有表达、主张和行动都成为重要的品牌建设内容。宣布碳主张、开展绿色低碳活动、开发低碳产品、积极形成碳竞争力、在全生命周期过程中挖掘品牌素材、围绕利益相关方传递碳价值观，都是碳品牌建设的重点。

第五，加快建立品牌经济景气监测体系。品牌经济是推动社会经济高质量发展的一种高级经济形态。品牌经济的发展是实现高质量发展的晴雨表和实现人民美好生活向往的领航员。品牌经济景气程度源自企业实践但通过国内生产总值（GDP）、人均国内生产总值（人均 GDP）、总储备、外国直接投资净流入、服务贸易额和经常账户余额、社会消费品零售总额等形式反映出来，同时受到宏观经济预测和企业家信心变化的影响。品牌经济景气监测体系的建立有助于丰富我国品牌建设的量化评价维度，为企业开展品牌建设提供更具体的数据化的指导意见。

参考文献

［1］《学习贯彻中央工作会议精神》，https：//www. 12371. cn/2021/12/11/ARTI1639209328538385. shtml。

［2］《中共中央　国务院关于完整准确全面贯彻新发展理念做好碳达峰碳中和工作的意见》，http：//www. gov. cn/zhengce/2021-10/24/content_ 5644613. htm。

品牌战略前沿研究

Frontier Research on Brand Strategy

B.2
推动国企品牌建设从优秀企业
向卓越品牌迈进

摘　要： 在百年变局与世纪疫情相互叠加背景下，国企品牌创建面临着新的时代任务，报告认为深化对把握新发展阶段、贯彻新发展理念、构建新发展格局的理解和认识，充分重视国企品牌建设人民性和时代性内涵，推动国企品牌建设从优秀企业向卓越品牌迈进是国企品牌建设的重大战略命题。

关键词： 国企品牌　品牌建设　卓越品牌

　　在百年变局与世纪疫情相互叠加背景下，中国开启了第十四个五年规划

---

* 才大颖，品牌中国战略规划院副院长，中国工艺美术学会理事长，享受国务院政府特殊津贴专家，教授级高级工程师；受聘国家发改委产业协调司和工信部消费品司轻纺行业专家，长期从事消费品品牌研究，深耕品牌生态体系、轻奢品类、国企品牌、责任品牌等领域。

的征程，企业品牌建设的内涵正在发生重大转变，国企品牌创建面临着新的时代任务，从优秀企业到卓越品牌成为时代对国企品牌建设的新要求，深化对把握新发展阶段、贯彻新发展理念、构建新发展格局的理解和认识，充分重视国企品牌建设人民性和时代性内涵，对推动"十四五"国有企业建设具有重要的意义。

第一，深入理解把握新发展阶段。要充分认识我们已经拥有开启新征程、实现新的更高目标的雄厚物质基础，充分认识我们建设的现代化是人口规模巨大的现代化，是全体人民共同富裕的现代化，是物质文明和精神文明相协调的现代化，是人与自然和谐共生的现代化，是走和平发展道路的现代化。国企品牌建设要认真理解新发展阶段的时代内涵，从人民性的角度，认识到国企品牌建设是要建设人民的品牌，从时代性的角度，认识到国企品牌战略要有更宏大的格局，要为实现第二个百年奋斗目标做出历史贡献，为实现共同富裕履行时代责任。

第二，深化理解贯彻新发展理念。要充分认识新发展理念是以人民为中心的发展思想，立足新发展阶段的新要求，把国企品牌建设的重点放在价值导向上，放在解决科技自立自强、城乡区域发展差距过大以及加快全面绿色转型、统筹确保安全和扩大开放等重大问题上。要在坚持创新发展中实现品牌发展动力的价值转化；要在坚持协调发展上不断引导品牌在不平衡中寻找发展机遇、拓展发展空间、增强发展后劲；要在坚持绿色发展中支持品牌树立绿色发展理念，勇担绿色富国、绿色惠民时代责任；要在坚持开放发展中助力品牌融入构建高水平内外联动的新发展格局；要在坚持共享发展中实现品牌建设的优势共享、资源共享和成果共享。坚持用质量、结构、规模、速度、效益和安全相统一的系统观念解决品牌创新发展问题，谋划品牌创新发展之道。

第三，深化理解构建新发展格局。加快构建"以国内大循环为主体，国内国际双循环相互促进"新发展格局是中国品牌发展的战略机遇，中国品牌不仅要积极融入更要主动参与，大胆创新，做好促进品牌跨越性发展的中长期战略规划，依托我国超大规模市场的内需潜力，抓住扩大内需战略基点，更好联通和调动国内国际两个市场；依托全球最完整、规模最大的工业生产

和配套能力，抓住产业链现代化战略方向，更好联通和调动国内国际两种资源。特别是要重视和防范对双循环的片面理解、狭隘理解、低层次理解、不务实理解、刺激消费理解、片面需求理解等问题，树立全球品牌命运共同体意识，助力全球经济复苏，努力化危为机、积极促危转机，以更大范围、更宽领域、更深层次的对外开放，推动中国品牌发展成果惠及更多国家和人民。

把握新发展阶段、贯彻新发展理念、构建新发展格局的时代解读是我们对百年未有之大变局的宏观认识，是我们对如何把握新机遇、促进新增长和寻求新发展的战略思考。从 2017 年提出将品牌作为全球竞争的利器，构筑品牌生态，到 2018 年推动国有企业品牌战略突围，2019 年正式发布国企品牌创建的《"五色"品牌提升模型》，开启国企品牌之治新境界，再到 2020年，结合形势任务的时代转化，提出国企品牌建设的双重属性和双轮驱动，助力了国企品牌建设从优秀企业向卓越品牌升级。

第一，重新认识和理解国企品牌建设的双重属性。

国企品牌建设过程是社会属性和市场属性融合统一的过程，是社会责任和市场权益从物理结合向化学融合的过程，社会属性是国企品牌建设的第一属性，市场属性是国企品牌建设的实现手段，国企品牌建设要实现社会责任引领下的市场增长，在实现市场增长中体现社会责任。

一方面要充分认识品牌的社会属性不是传统意义上的社会责任行为而是社会价值的体现，要从五位一体总体布局中理解社会属性内涵，以促进高质量发展体现社会责任的经济贡献；以积极参与社会主义建设的时代任务体现社会责任的政治贡献；以彰显社会主义文化自信体现社会责任的文化贡献；以构建诚信守法、协同治理、稳定经营的政商关系体现社会责任的社会贡献；以坚持社会主义生态文明观、打好污染防治攻坚战，构建和谐发展新格局体现社会责任的生态文明贡献。在突出经济贡献、政治贡献、文化贡献、社会贡献和生态文明贡献中发挥品牌的作用，推动市场的增长。

另一方面要在市场增长中体现社会价值的时代内涵。国有企业品牌建设要从传统的技术、成本、需求为主导的驱动模式向责任和价值的引领模式升级，不能仅仅满足于提供优秀的产品和服务实现市场增长，更要在为世界更美好、为人类更幸福、为破解人类面临的共同难题提供中国方案中做出中国贡献，实现更可持续的增长。在创建与融合国内和国际双循环中，实现供给能力提升向市场能力提升转变，实现从全球制造中心向全球市场中心的时代转化，实现从卖全球到买全球再到联接全球的升级。

第二，重新认识和理解国企品牌建设的双轮驱动。

国企品牌建设过程是一个文化自信和功能自信的统一过程，是品牌文化价值和产品功能价值的融合过程。文化自信是国企品牌建设的核心诉求，功能自信是国企品牌建设的不懈追求。国企品牌建设要重视基于功能自信的文化自信呈现，实现文化价值引领下的功能价值溢价。

一方面，要深入理解在重视功能价值前提下对文化价值的呈现，在不断创造和展现功能价值的前提下重视企业自身品牌文化、中国优秀文化、企业管理思想、品牌治理理念的内涵体现，将企业、产品的功能价值作为企业文化价值输出的载体，联接企业和用户沟通的纽带和桥梁，实现从功能需求的满足到文化理念的认同。

另一方面，要积极促进文化价值引领下的功能价值的溢价，解决品牌文化建设、企业产品研发和市场销售两张皮的问题。品牌是企业核心价值观的文化载体和展现形式，而只有品牌文化的建立才能真正实现企业产品和服务的可持续溢价和资产积累，国有企业在发展过程中传承和积累了优秀的、值得信任的企业文化，拥有雄厚的企业文化资源、实物和讲好品牌故事的生动素材，我们需要从市场和用户的需求变化中，找到实现文化价值引领下的功能价值溢价的关键点。

参考文献

［1］习近平：《把握新发展阶段，贯彻新发展理念，构建新发展格局》，http：//www.qstheory.cn/dukan/qs/2021-04/30/c_ 1127390013. htm。

［2］《中国品牌战略发展报告（2019~2020）》。

［3］才大颖：《开启国企品牌跨时代发展新征程》，《国企管理》2021 年第 1 期。

B.3

推动零碳品牌创建，打造新时代品牌核心竞争力

孙　瑞[*]

摘　要： 我国力争 2030 年前实现碳达峰，2060 年前实现碳中和，事关中华民族永续发展和人类命运共同体的构建。本文认为碳中和时代的到来，为企业品牌建设提供了新的时代题材和发展机遇，实现碳中和目标指引下的品牌建设是对可持续发展理念的新探索、是品牌竞争力评价的时代表现、是驱动生态循环体系的驱动力量、是新时代品牌创建和传播的丰富素材。碳中和时代品牌创建蕴含着内涵丰富的可持续发展理念，为企业品牌建设提供了新的契机和发展机遇，零碳品牌创建，正在由企业的愿尽责任变为应尽责任，成为企业品牌建设和传播的新抓手。

关键词： 碳达峰　碳中和　零碳品牌

我国力争 2030 年前实现碳达峰，2060 年前实现碳中和，事关中华民族永续发展和人类命运共同体的构建。《中共中央 国务院关于完整准确全面贯彻新发展理念做好碳达峰碳中和工作的意见》指出，"把碳达峰、碳中和纳入经济社会发展全局，以经济社会发展全面绿色转型为引领，以能源绿色低

---

* 孙瑞，《中国品牌战略发展报告》编写组成员，研究方向为企业品牌竞争力、区域品牌生态、企业 ESG 与社会价值

碳发展为关键，加快形成节约资源和保护环境的产业结构、生产方式、生活方式、空间格局，坚定不移走生态优先、绿色低碳的高质量发展道路"。碳中和时代品牌创建蕴含着内涵丰富的可持续发展理念，为企业品牌建设提供了新的时代题材和发展机遇，零碳品牌创建，正在由企业的愿尽责任变为应尽责任，成为企业品牌建设和传播的新抓手。

零碳排放，不是不排放二氧化碳，而是通过计算温室气体（主要是二氧化碳）排放，抵减"碳足迹"、减少碳排放，达到"零碳"目标。是从低碳做起逐步实现零碳的过程。零碳品牌是在碳中和目标指引下，企业实现碳达峰碳中和目标的价值表现，是实现减碳发展由成本投入向战略投资的核心动能和资产载体。

第一，零碳品牌创建是可持续发展商业模式的制度设计。零碳品牌的概念源自低碳品牌发展的实践，继承了低碳品牌不仅要求企业为消费者提供优质的低碳产品和服务，还要求企业内部要推行低碳管理理念和方法，并将这种管理理念通过低碳品牌向用户展示出来，并向消费者传播低碳消费观念。碳中和理念的兴起和碳足迹追踪技术的进步，为品牌低碳发展提供了更具操作性的发展目标。零碳品牌概念的提出，是一种更具目标性、场景化的可持续发展模式，它将企业端碳管理与用户端相衔接，是探索人与自然和谐相处而不是一味获取资源的商业模式。从这个意义上讲，低碳品牌建设还是一种品牌策略模式，而零碳品牌建设是一种可持续发展商业模式的制度设计。

第二，零碳品牌是企业品牌竞争力的时代表现。品牌竞争力是企业竞争力的外在表现，是企业对资源有效配置和使用的结果，受到多种力量和多重要素的影响，零碳品牌的创建过程正是对品牌竞争力评价维度的时代性升级，从实现碳中和的产业基础、行为准则、管理制度和价值导向四个维度与品牌竞争力市场、技术、运营、责任和文化五大品牌竞争力体系进行融合，逐步构建起全新的品牌竞争力价值链体系。零碳品牌的产业基础是企业正常经营的有形表现，涵盖最终产品、生产环境、办公环境、广告宣传、采购标准等关键要素；零碳品牌的行为准则是企

业员工生产经营、内部管理、市场管理以及员工各类型活动中的多种低碳行为。零碳品牌的管理制度是从企业领导体制、组织结构和管理模式等维度对企业业务行为的凝聚、激励和约束；零碳品牌的价值导向是指企业将碳中和理念融入自身企业的精神文化层面，进而指导企业各种生产经营和管理活动的表现形式。

第三，零碳品牌创建是构建碳中和生态系统的驱动力量。零碳品牌的创建过程表现为对外部社会创新、用户参与的依赖性更强，联接更深，碳中和的实现着眼于整个供应链上温室气体排放达到平衡，需要包括供应商、渠道、用户广泛参与和深度介入的整个体系的支持，如果没有强大的品牌号召力，单纯依靠传统的供应链约束体系是很难保证目标和效果的一致。比如实现手机产业的碳中和目标，离不开最终消费者的参与；达到酿酒行业碳中和目标，离不开上游粮食、物流等供应链体系的参与；达到工程建设领域的碳中和目标，施工人员、技术设计、销售管理，缺一不可。零碳品牌的创建是一个基于减碳管理的生态体系的构建，是一个以品牌为引领的减碳驱动模式的构建。

第四，零碳品牌为实现品牌创建和传播提供了时代素材。零碳品牌要紧密结合产业链碳管理系统，紧密结合产品和服务全生命周期，围绕触点亮点、深挖核心素材，创新形式表达，同时围绕利益相关方需求，以体现社会价值、用户价值和企业价值并重为导向，从不同维度，采用多样形式，向利益相关方传递零碳品牌价值，调动利益相关方参与热情。上市公司要引领投资者关切，国有企业要服务政府目标，民营企业要突出专精特新，全球化企业要关注不同国家可持续发展痛点，讲好零碳发展的品牌故事，建立不同故事表达的场景库，重视第三方声音，打开零碳品牌传播的广度、深度和触达度。

零碳品牌的创建是城市和企业低碳发展的战略升级和目标指引，是城市和企业实现碳中和目标的价值驱动，实现了从社会责任贡献到社会价值体现再到商业模式创造的路径设计。在实现碳达峰和碳中和发展目标指引下，零碳品牌创建不是一种概念的炒作，而是一种战略目标的规划和制度体系的设计。创建零碳品牌，是立足新发展阶段中最重要的发展机遇，是贯彻新发展理念中最具价值的发展要素，是构建新发展格局中最具潜力的发展空间。

零碳经济的现代化道路在世界上尚无先例，零碳品牌的创建也没有现成的模式可以参考，但可以确定的是，品牌已经从高碳经济资源主导模式下的从属地位转变为碳中和目标指引下的先导力量，中长期发展目标的明确倒逼企业要更重视品牌的无形资产属性，零碳品牌成为企业在寻找生产运营方式和产品服务市场中获取巨大商业利润的关键筹码，是企业实现可持续发展的重要手段，创建零碳品牌必须与提升企业品牌竞争力相关联。

第一，增强零碳品牌的技术核心支撑。低碳技术和零碳模式已经成为企业核心竞争力的一个重要标志。谁掌握了低碳技术和零碳模式，谁就拥有了未来市场的核心竞争力，零碳品牌是低碳技术和零碳模式的社会价值、企业价值和用户价值的集中表现。

第二，提升零碳品牌的文化价值底蕴。没有文化的品牌是不能长久的，品牌的文化价值决定了品牌的生存方式、发展模式和成长路径，是企业、社会和消费者共同构建的价值观。零碳品牌是顺应时代发展的文化，是与当前消费理念相匹配的文化价值观，中国企业的零碳品牌应厚植"绿水青山就是金山银山"的价值理念，增强用户对品牌的认可度和忠诚度，不断提高品牌竞争力。

第三，创新零碳品牌的运营管理模式。零碳品牌的运营管理不是孤立和单向的，而是将企业员工行为和最终产品与服务有机联接和融合的模式创新。作为一种符合社会价值观的文化趋势，其具有凝聚和激励功能，更易得到员工的认可和推崇，在优化企业成本管理的同时，更能促进员工行为形成一致行动力，为用户提供专业的服务，提高品牌的稳定性，提升品牌的美誉度。

零碳品牌的创建是从企业物质基础、行为规范、制度模式和精神文化四个层面展开的品牌创建过程，在重视中长期发展的同时更注重在社会价值、

企业价值和用户价值三个层面早期收获的形成，进而打造出更持久的品牌竞争力。

参考文献

［1］《中共中央　国务院关于完整准确全面贯彻新发展理念做好碳达峰碳中和工作的意见》，http：//www. gov. cn/xinwen/2021-10/25/content_ 5644687. htm。

B.4
新发展格局下企业品牌战略研究

张晗琪*

摘　要： 在"加快形成以国内大循环为主体、国内国际双循环相互促进的新发展格局"的宏观背景下，推动中国品牌发展的历史方位正在从中国工厂、中国市场向全球创新中心战略升级。中国品牌需要清醒地做好在全球产业链、供应链和价值链分工中的动态定位，敏锐地把握基于庞大内需市场提高运营全球品牌能力的时代机遇，把打造链主、链核品牌，倡导人类命运共同体主张、改变传统对品牌价值的理解，丰富和发展创新内涵有机结合起来，将数字化浪潮和中华民族传统文化时代表达融合起来，在把握实现碳达峰和碳中和目标中，构建穿越周期的划时代新发展格局品牌战略。

关键词： 新发展格局　品牌建设　品牌价值

随着新冠肺炎疫情防控和疫苗接种的深入推进，中国经济加快复苏，但全球政治经济环境仍旧充满不确定性不稳定性因素，产业和国别经济复苏出现明显分化。在"加快形成以国内大循环为主体、国内国际双循环相互促进的新发展格局"的宏观背景下，推动中国品牌发展的历史方位正在从中国工厂、中国市场向全球创新中心战略升级，中国品牌发展需要更广阔的全

* 张晗琪，《中国品牌战略发展报告》编写组成员，国家重点研发计划项目"面向中小微企业的综合质量服务技术研发与应用"（项目编号：2019YFB1405300）课题组专家，研究方向为企业品牌竞争力、城市营商环境等。

球视野，需要思考品牌在提升供应链和产业链的全球链接度，在提升中国巨大消费市场的全球吸引力，在构建全球创新环境等方面的作用和价值，致力于将品牌作为构建新发展格局的核心驱动器。

习近平总书记指出："构建新发展格局的关键在于经济循环的畅通无阻""构建新发展格局最本质的特征是实现高水平的自立自强"。新发展格局下的品牌创建工作，其核心价值在于有利于经济循环的畅通和有利于高水平的自立自强。

改革开放以来，中国经济依靠巨大的市场规模、后发优势、低成本要素供给等比较优势，实现了快速发展，创造了巨大奇迹。随着我国社会经济进入新发展阶段，受逆全球化浪潮、中美贸易摩擦和新冠肺炎疫情的冲击，产业基础能力不足、高端产业发展不足、长期处于产业价值链中低端，"缺芯""少核""弱基""卡脖子"等问题日益显现，高水平自主创新能力依然是发展短板。

作为一个拥有 14 亿人口、超过 100 万亿元经济总量、人均 GDP 超过 1 万美元的超大规模国内市场的世界第二大经济体，巨大的内需潜力是我国经济的显著特征和独特优势，也为依靠扩大内需持续做大经济循环流量提供了现实条件。但受制于体制和发展阶段的限制，内需挖掘依然不足，投资对经济结构升级的作用依然不足，居民收入较低依然对消费升级产生制约作用。新发展格局下的中国品牌建设，应体现新的发展内涵和时代作用。

第一，品牌建设需要定位打造链主和链核品牌。我们必须清楚全球产业链、供应链和价值链分工的总体格局没有改变，美国仍然是全球科技创新中心，日欧是全球高端制造业代表，我国仍处于从低中端向中高端迈进的过程之中。科技创新不是一蹴而就，科技创新的基础环境也不是一天就能形成的，所以我们需要打造的是基于庞大内需市场的立足全球产业链的"链主"和"链核"品牌，支持更多链条"参与者"向链条"运营者"转变，培育具有全球资源管理能力的品牌企业，在畅通经济循环和发挥自主创新作用中成长为链主和链核。探索企业在加工与贸易中如何实现国内国外两种资源的协调，在贸易与投资中如何实现国内国外两个市场的统一，在国内贸易与国际贸易中如何实现国内国外两种优势的协同，在货物贸易与服务贸易中如何实现国内国外两种价值的倍增，在实体流程与数字化流程中如何实现国内国外两种模式的融合。

第二，品牌建设应倡导人类命运共同体主张。开放的中国消费市场规模巨大、增长迅速、市场环境好，已经成为全世界优秀企业巨大的财富源泉，这种吸引力是暂时的国际环境纷扰和疫情无法阻挡的，也给了我们提供庞大消费市场的窗口优势。而产能不足、效率不高、需求不适应正在成为外国品牌进入中国市场的新挑战，也是中国品牌能够赋能外国品牌的战略机遇。新发展格局下的中国自主品牌国际化过程应倡导人类命运共同体主张，不能简单地以追求自主品牌的知名度、美誉度提升为目标，而是能够基于中国市场的高标准、高复杂性、高系统性环境，提高对全球不同区域品牌的运营能力。品牌是商业文明的代表，一花独放不是春，百花齐放春满园，中国品牌的国际化不是把其他国家品牌挤出目标国市场，而是保护、赋能、增强不同文明下品牌的过程，每一个国家、民族的品牌都是人类商业文明的瑰宝，是全人类共同的财产，保护和发展每一个品牌，让每一个品牌都能拥有适合自己的发展空间，让每一个品牌都能分享中国经济发展的成果，应该成为中国品牌经济发展的时代使命。

第三、品牌建设应不断丰富和发展创新内涵。创新氛围、创新环境、创新基础的集聚已经难以满足新时代对创新的需求，对于创新的理解正在由增强硬实力为主向增强软实力升级，品牌作为兼具软实力价值和硬实力表现的关键要素，需要划时代的战略引领，新发展格局下的品牌战略问题，不仅要着眼于逆全球化、中美贸易摩擦，更应面对世纪疫情反复和中国经济需求收缩、供给冲击、预期转弱三重压力的现实挑战；不仅要着眼于应对人口红利削弱和实现碳中和目标的时代压力，更应清醒地认识到中国品牌生态环境正在发生重大变化。中国品牌创新的动力、基础、环境、目标、路径都在孕育新的变化，商业模式创新更依赖应用创新，技术创新的提速更期待基础研究的进步，在实现技术创新价值转化的过程中，品牌的战略引领作用、赋能链接作用，品牌溢价作用更加凸显。

新发展格局下的品牌战略发展问题，是一个具有极大想象空间的研究课题，是传统品牌研究尚未完全涉足的全新领域。我们既面临传统品牌理论和工具失灵的挑战，也应正视新模式新工具带来的不稳定性因素，既要重视数字经济下市场营销工具的迭代升级，也应把握厚植文化底蕴和推动战略升维的时代机遇。新发展格局下的品牌战略研究，是将实现畅通经济循环和实现自主创新为根本目的，将数字化浪潮和中华民族传统文化时代表达融合起来，在把握实现碳达峰和碳中和目标中，构建穿越周期的划时代品牌战略。

参考文献

［1］《中国共产党第十九届中央委员会第五次全体会议公报》，https：//www.12371. cn/2020/10/29/ARTI1603964233795881. shtml。

［2］黄群慧、倪红福：《中国经济国内国际双循环的测度分析》，《管理世界》2021年第 12 期。

品牌评价研究创新

Research and Innovation on Brand Evaluation Methods

B.5
党建引领社会治理评价与品牌化
发展趋势研究

华清波*

摘 要: 党建引领基层社会治理创新是极具中国特色的社会治理创新道
路,也是新时期推进国家治理体系和治理能力现代化的重要举措
之一。本文着力研究如何科学有序推动并落地党建引领基层社会
治理理念并构建相应评价体系。首先分析了政策背景及当前国内
有关治理评价体系的研究动态并针对相关问题进行述评,然后基
于基层社会治理现代化要求构建了党建引领基层社会治理评价指
标体系,建立了党建引领基层社会治理分析模型,再通过青岛市
市北区社区治理实际案例进行实证分析与讨论,在此基础上,进
一步提出培育和打造党建引领基层社会治理品牌创建的原则和思
路,创新城市品牌发展新内涵,提出有序落地党建引领基层社会

* 华清波,清华大学社会治理与发展研究院智慧治理联盟专家委员,国际标准 ISO37170《城市
治理与服务数字化管理框架与数据》专家组专家,青岛亿联信息科技股份有限公司董事长。

治理发展的综合建议。

关键词： 党建引领基层社会治理 社会治理品牌 评价体系

党的十九大报告从统筹推进"五位一体"总体布局、协调推进"四个全面"战略布局的高度，坚持以人民为中心，提出打造共建共治共享的社会治理新格局。习近平总书记明确指出："要把加强基层党的建设、巩固党的执政基础作为贯穿社会治理和基层建设的一条红线。"他指出："社区治理得好不好，关键在基层党组织、在广大党员，要把基层党组织这个战斗堡垒建得更强，发挥社区党员、干部先锋模范作用，健全基层党组织领导的基层群众自治机制，把社区工作做到位做到家，在办好一件件老百姓操心事、烦心事中提升群众获得感、幸福感、安全感。"

党的十九届四中全会作出推进国家治理体系和治理能力现代化的重大战略部署，提出要完善党委领导、政府负责、民主协商、社会协同、公众参与、法治保障、科技支撑的社会治理体系；2021 年 4 月《关于加强基层治理体系和治理能力现代化建设的意见》提出 5 年建立起党组织统一领导、政府依法履责、各类组织积极协同、群众广泛参与，自治、法治、德治相结合的基层治理体系。

党的十九大以来，我国基层社会治理围绕习近平总书记讲话精神，不断推进治理能力现代化工作，不断推动党建引领与数字化工具相结合，通过数字化工具强化党建对基层治理的政治引领、组织引领、能力引领、机制引领，创新打造基于数字化技术的党建引领社会治理品牌。为全面客观地评价基层党建和基层治理成效，找出不足和短板，实现为党建引领基层治理工作进行科技赋能，为促进党建引领网格治理责任更加有标准、可量化、易监督、能考核，本文对党建引领基层社会治理评价体系进行研究，并提出打造搭建引领社会治理品牌化的路径。

一 评价指标体系构建

（一）核心逻辑和内涵

根据党建引领基层社会治理实践，将治理主体划分为党组织、工作站、居委会、社区社会组织、社区志愿者组织、业委会、物业管理公司、社区股份公司和驻社区单位9个组织主体和居民个体。其中，党组织又分为网格支部、社区党委、乡镇/街道、区级党委、地市级党委等组织主体。

实现党建引领的基层社会治理，要建立基于党组织视角、政府视角、居民视角、第三方治理主体视角的多元指标体系，各治理主体在不同阶段所发挥的作用直接影响社区多元治理成效。

其核心逻辑是：党是引领基层社区多元治理的总策划者和组织者；党员和党组织要发挥先锋模范和战斗堡垒作用；政府为社区提供基本公共服务并为其他治理主体提供政策和资金扶持，以合作者、监督者的身份参与治理；网格单元和居委会依法有序组织居民自治；居民成为社区治理主体，成为积极公民，各主体协同合作，社区功能完备，法治程度高。

（二）构建理念和原则

党建引领基层社会治理评价体系是指导党建引领基层社会治理实际工作的重要依据，旨在推动我国社区共建共治共享和基层治理不断走向"善治"。

党建引领基层社会治理评价指标体系构建主要遵循科学性、可比性、全面性、层次性、动态性和可操作性6个基本原则，依据分工、协作、制衡3个维度，以用最适宜的指标进行客观评价。

二 数字化核心技术的应用

为了有效促进党建引领基层社会治理评价体系的落地，形成"发现问

题—解决问题—考核评价"的完整业务闭环，打造党建引领基层社会治理评价指标体系，从党建能力、治理能力、服务能力三个方面对各级党组织/单位和多元治理主体进行评价，切实加强基层党建能力，提升基层治理水平，提高群众服务满意度，需要借助于信息化技术。

基于大数据分析技术的科学考评，依托党建引领治理主体，自下而上，层层汇聚，建立科学有效可追溯的评估指标，形成党建指数、治理指数、服务指数的指标体系，实现党建、治理、服务的可视化、可量化（见图1）。

同时，运用区块链技术，实现党群上链、问题上链、积分上链，为每个基层党组织、党员、群众构建区块链账簿，打造基层党组织评价体系、党员信用体系、群众志愿体系，将基层党组织的引领作用、党员的先锋模范作用、群众的公众参与民主协商作用实现数字化。

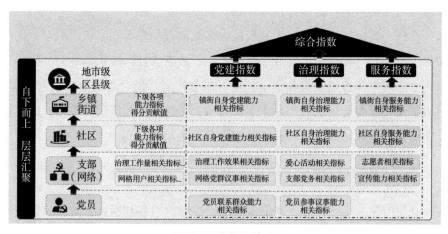

图1 评价指标体系

三 指标体系设计

整体指标体系设计分为三个方面内容：党建能力、治理能力、服务能力。

第一，党建能力。该项指标包含党员、网格、社区、街道、区县五级层次的综合评价。子内容包括党员联系群众发动群众相关用户数、党员数、话题数、阅读量、评论量、议题数、项目量、建群数、活跃人数、热度、用户率、参与度、议事、党群、志愿者先锋等内容。

第二，治理能力。该项指标包含党员、网格、社区、街道、区直部门五级层次的综合评价（见表1）。

表 1　治理能力考核内容一览表

考评项目	考评内容
党员	包括提出话题数、参与话题数、话题转议题数等
网格	包括对治理工作量、治理效率、治理效果等进行综合评价。治理工作量的评价指标包括议题总数、人均议题数、自治项目数、吹哨次数、办结次数、人均项目数；治理效率的评价指标包括事件响应率、超期率、处理效率、自治率、准确率等；治理效果的评价指标包括评价项目比例、网格内项目满意度、议题与事件类别匹配度
社区	包括下属所有网格治理能力和自身治理能力，包含综合指标、工作量、效率、效果
街道	包括下属所有社区治理能力和自身治理能力，包含综合指标、工作量、效率、效果
区直部门	包括直属部门自身治理能力及工作量、效率、效果的考评
全区	包括所有部门的评价及下属所有街道的评价

第三，服务能力。包含网格相关、社区相关、街道相关、全区相关。主要考评内容为爱心活动、志愿者活动、社区活动等。

四　评价方法

本研究采用基于 AHP 的模糊综合评价方法（Fuzzy-AHP）对党建引领基层社会治理效果进行评价，具体过程如下。

第一，邀请专家学者、党政干部和社区代表组成专家组，进行事先提示并组织调研，确定各指标的权重系数。

第二，客观指标归一化处理。对于党建引领基层社会治理评价指标体系中的客观类指标进行归一化计算处理。

第三，通过比较总分数值对社区进行排序，确定名次。

五　党建引领基层社会治理评价体系的实践应用

党建引领基层社会治理评价体系以青岛市市北区作为评价对象，有针对性地应用评价指标体系，充分运用互联网、大数据、云计算等现代信息技术，构建一个党建引领基层治理信息化服务平台。在深化政府治理效能理论内涵的同时，推进大数据在政府治理实践中的应用。平台通过科学的指标评价体系和大数据技术，对党建效果、治理效能、群众诉求、党员干部工作实绩科学量化分析，辅助决策。

通过评价平台的应用，根据组织力提升、吹哨事项办理和群众满意度等指标对街道、社区和网格进行科学排行，其中组织力提升占比为 60%，吹哨事项办理和群众满意度各占比为 20%。这三项指标又划分为更详细的考核指标，通过自动计算和人工打分等形式展现最真实有效的成果排行，形成了"一核多元、一网统筹、一呼百应"的党建引领基层社会治理新生态。12345 转办件、信访件等环比下降 4.6 个百分点，"行风在线"上线问题总数环比下降 51.2 个百分点，而群众满意度则环比上升 0.4 个百分点。

综合理论成果和实践经验，我们认为"中国社会治理品牌"是新时代推进社会治理现代化中的成功范例，是构建社会治理共同体中的先进代表，是共建共治共享理念的创新实践。

六　关于打造党建引领社会治理品牌的探讨

从社会管理到社会治理，中国社会治理体系的建设方兴未艾，从品牌建设的应用实践看，随着枫桥经验的广泛推广，党建引领社会治理体系正在形成品牌化发展趋势，成为中国社会治理现代化的引领力量和战略抓手，一批具有社会治理创新特性的品牌项目层出不穷，也对品牌建设工作的规范性、科学性、系统性提出了新的要求，对品牌建设效果的可量化、可视化、可优化提出了更高的期待。基于以上的认识，本文认为党建引领社会治理品牌化，应该坚持以下五个方向。

坚持理念的创新性。理念是品牌的价值观，决定了品牌的高度和先进性，理念决定着社会治理现代化的方向。一个优秀的社会治理品牌，一定集中反映了区域社会治理的根本思想和人民群众的普遍愿望，理念创新要在坚持原则性的基础上强调创新性，在坚持务实性的基础上增强创新性。

坚持体系的创新性。体系就是品牌的组织结构，组织结构进而决定了功能。一个优秀的社会治理品牌，一定能集中体现政府职能和协同共治的互动性。体系创新不追求系统性的重大革新，更看重在问题导向性原则下，对主要矛盾和矛盾主要方向的破题。

坚持策略的创新性。策略是品牌功能的实现方式，在复杂的社会治理过程中，优秀的功能更需要策略化的实现。一个优秀的社会治理品牌，一定是在面对复杂的社会治理环境中探索出行之有效的社会治理策略，策略的创新更考验治理能力的灵活性和人文化。

坚持机制的创新性。机制是品牌策略的实施保证，要更好地实现功能，就必须不断对有关机制进行优化。我们相信，一个优秀的社会治理品牌，一定有一套能确保社会治理体系功能完美运行的协调机制，把"权力清单""负面清单"和"责任清单"落到实处，落到民心。

坚持能力的创新性。光有先进的理念，没有科学的功能和机制不行；仅有科学的功能和机制，没有相应的能力，社会治理现代化的绩效也出不来，社会治理的品牌也是空中楼阁。因此，必须以个体和组织为基础，全面加强社会治理相关能力的建设。一个优秀的社会治理品牌，不仅仅依赖龙头的带动作用，更依赖信息化、互动性的系统执行能力。

"党建引领中国社会治理"品牌是在城市区域品牌和区域公共服务品牌研究范畴下，结合当前中国社会发展实际需求，创新性开发的前沿性研究领域，是中国城市品牌建设的新兴领域，助力在打好经济牌、产业牌、旅游牌

和形象牌之后，打好真正接地气、聚民意、暖人心的"社会治理牌"。当前，以特色文旅、支柱产业、典型文化为代表的城市品牌的建设已经不满足于时代发展的要求，城市经营者更重视人民性和时代性在城市品牌建设中的内涵表现。基层社会治理工作坚持"人民城市人民建、人民城市为人民"的主张，是城市品牌形象的新名片。坚持从人民性出发的初心，坚持与时俱进的气度，让城市品牌不再是空中楼阁，不再纸上谈兵，而是实实在在的民生急需和时代期待。没有体现人民性的城市品牌，不会得到人民的拥护，没有体现时代性的城市品牌，不会历久弥新。

参考文献

［1］中共中央国务院《关于加强基层治理体系和治理能力现代化建设的意见》http：//www. gov. cn/zhengce/2021-07/11/content_ 5624201. htm。

［2］《社会治理重在"社会"》，http：//theory. people. com. cn/n1/2019/0410/c40531-31021731. html。

［3］"中国社会管理评价体系"课题组、俞可平：《中国社会治理评价指标体系》，《中国治理评论》2012 年第 2 期。

［4］包国宪、王学军：《以公共价值为基础的政府绩效治理：源起、架构与研究问题》，《公共管理学报》2012 年第 9（2）期。

［5］Saaty T L. Fundamentals of Decision Making and Priority Theory with the Analytic Hierarchy Process ［M］. Pittsburgh：RWS Publications，1994.

B.6
住房租赁行业品牌评价与社区化
发展趋势研究

丁晓宇　丘运贤　梁志勇 *

摘　要： 在当前住房租赁需求旺盛和场景分化发展背景下，住房租赁社区化模式成为高效解决当前住房需求问题的突破口，集中发展住房租赁社区是应对大众新市民群体住房需求的有效途径。通过对全国住房租赁行业品牌指数的监测，提出动态全国住房租赁标杆租金价格指数，本文认为房源集中体量巨大、产品多样业态丰富、精细管理租期稳定是我国住房租赁行业社区化发展的趋势，平台运营、监管和公共服务的挑战是当前行业面临的共性问题。

关键词： 住房租赁　行业品牌评价　品牌指数

　　住房是人类生活的基本需求，诗意栖居是人们对美好生活向往的基本内容之一。对有着 14 亿人口规模的中国而言，解决不同层次、不同人群的住房问题是长期民生工程。在历经 20 年的高速发展之后，中国房地产行业进入下半场，住房租赁行业应运而生。

　　随着城市化进程的推进，中心城市可供大规模开发的建设用地快速减少，房地产行业快速地从"增量时代"向"存量时代"转换。城市更新、功能转换、盘活存量、提升品质成为解决城市住房问题的重要举措。

---

* 丁晓宇，品牌中国战略规划院专家委员会委员，中国饭店协会连锁投资专委会副秘书长，住联咨询总裁；丘运贤，住房租赁品牌指数专家组专家，优望公寓董事长；梁志勇，住房租赁品牌指数专家组专家，珊瑚数据总经理。

2021 年 6 月底出台的《国务院办公厅关于加快发展保障性租赁住房的意见》（国办发〔2021〕22 号）提出：大力发展保障性租赁住房，允许闲置和低效利用的商业办公、旅馆、厂房、仓储、科研教育等非居住存量房屋改建为保障性租赁住房，并予以专门政策支持。

"购租并举"是新时代重要的住房制度安排，也是房地产长效机制建设的重要内容。2017 年以来，国家出台了一系列租赁住房市场的利好政策，包括土地供给、税收优惠和金融支持等，积极鼓励住房租赁行业发展。2020 年，全国流动人口达到 3.76 亿人；2021 年，全国流动人口 3.85 亿人，比上年增加近 900 万人。流动人口中超过 2/3 人群选择租赁住房。据此推算，我国租赁人口有近 2.56 亿人，这成为推动住房租赁行业发展的基础因素。

当前，住房租赁行业正在经历一轮新的消费升级，与"70 后""80 后"租房群体需求不同，新涌现的"90 后"租房群体对租房生活的品质性需求大幅提升，他们已经不再将租房作为在城市安身的过渡性居住手段，而是自然地将租房作为他们在城市生活的长期性生活方式，期待能够拥有体面、自由、舒适的租房生活。逐步家庭化和市民化，租房也被赋予更多的诉求：除了栖身起居之外，社区配套、子女教育、社交甚至自由办公、养老等需求都开始呈现。新消费群体的家庭结构、生活方式、消费习惯与城市原住民越来越趋同，同样需要基本的服务配套，渴望过着有尊严感的城市生活。借鉴之前发展大规模商品住区经验，集中发展住房租赁社区是应对新消费群体住房需求的有效途径。

中国住房租赁行业品牌指数抓取中国住房租赁行业头部 20 家企业经营数据来展现中国核心城市住房租赁行业的整体市场经营情况以及区域市场经营动态，用于反映一定时期内一个城市整体住房租赁价格水平的平均数值，形成具有参考价值的连续性指标数据。

一　指数定义

中国住房租赁行业品牌指数，以中国住房租赁行业头部 20 家企业（中国头部管理规模最大的集中式项目管理公司）经营数据为标杆，采用监测中国核心城市住房租赁行业的整体市场经营情况以及区域市场经营动态的方法，对比一定时期内一个城市整体住房租赁价格水平的平均数值，获取连续性指标数据（品牌指数样本企业）的参考价值（见表1和图1）。

表1 中国住房租赁行业品牌指数样本企业

魔方公寓	乐乎公寓	城家公寓	金地草莓社区
CCB 建融家园	保利 N+公寓	方隅公寓	招商蛇口公寓
万科泊寓	窝趣公寓	安歆公寓	朗诗寓
旭辉瓴寓	BIG+公寓	优望公寓	自如寓
龙湖冠寓	YOU+青年社区	华润有巢公寓	滨江暖屋

注：收录的品牌指数样本企业为2021年运营规模较大企业。
资料来源：中国住房租赁行业品牌指数监测样本。

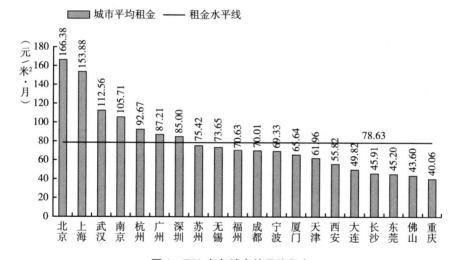

图1 T20 在各城市的平均租金

资料来源：中国住房租赁行业品牌指数监测样本。

二 指标体系

中国住房租赁行业品牌指数以样本企业市场覆盖度，城市生活基础服务

匹配度为基础，结合全国及地方政策根据企业城市布局、门店经营核心指标，同步引入中国住房租赁行业经营数据，形成一套为中国住房租赁提供数据运营与决策参考的指标体系（见表2）。指标体系通过对企业信息、房源、租金、成交和合同信息五个指标的定期监测，并结合宏观政策动态、中观区域规划、微观市场走势的研判，把握对房量、地理位置、周边信息、管理品牌信息等固定指标的综合分析，加权形成最终品牌指数。

表 2　中国住房租赁行业品牌指数核心指标

一级指标	二级指标
企业信息	企业数量(个)
	项目数量(个)
	项目楼栋数量(栋)
	项目运营年份
房源	各户型套(间)数统计[套(间)]
	各户型面积均值(㎡)
租金	各户型月租金均值(元/月)
	各户型套均租金(元/月)
成交	项目平均出租率(%)
合同信息	押金支付方式
	租金支付方式
	各户型管理费均值
	水费均值(元/吨)
	电费均值(元/度)
	租期均值(月)
	最短租期均值(月)

三　我国住房租赁行业社区化发展趋势分析

2017年住房城乡建设部会同国家发展改革委等八部门联合印发的《关于在人口净流入的大中城市加快发展住房租赁市场的通知》，加快推动了我国住房租赁行业从信息资源出售的传统中介收费模式向由政府主导的服务监管模式的转变，表现为以用户服务和行业监管的有效整合，加快搭建集平台运营、平台监管、公共服务为一体的社区化功能平台成为行业发展的主流趋势。通过对我国住房租赁行业品牌指数的分析，我国住房租赁行业发展呈现典型的社区化发展趋势，表现为以下发展趋势。

第一，房源集中体量巨大。主流品牌的租赁社区的房源集中，以便提供高效和集约化的管理和服务；单个租赁社区能提供不低于500套出租单元的房源，而在北京、上海等地的企业实践中，已经出现建筑面积10万~30万平方米（3000~10000套）出租单元的专业化租赁社区。

第二，产品多样业态丰富。区别于面向青年白领阶层的精品长租公寓、面向蓝领的企业宿舍公寓，租赁社区的显著特点是能够满足客户全生命周期（单身—情侣—三口之家—三代同居）住房需求，匹配客户终生租房生活趋势，租赁社区能够提供不同价位、多样化产品供客户选择，包括单身公寓、一居室套房、二居室套房等产品；租赁社区有着同样的基本生活服务配套，包括：便利购物场所、餐饮休闲配套、运动设施、婴幼儿托育等。随着租购同权的落地，租赁社区的客户也能够享有与本地居民一样的子女教育、医疗配套资源。

第三，精细管理租期稳定，专业的住房租赁运营商具备了更系统的整合服务和精细化服务能力，运用信息化工具，提供标准化、集约化、高效率的服务，实现内外部平台的协同作业。租赁社区因为体量大、产品丰富，能够保持稳定的租金，并提供更大的周转空间，从而为客户提供了更稳定的租约。客户也会因为配套齐全、居住习惯等因素更愿意长期租住在一处。

四　我国住房租赁行业社区化发展面临的挑战

在推动我国住房租赁行业社区化发展的过程中，在租赁行业信息互通、行业政策目标、租赁服务效果、租赁市场监管四个目标上，面临着平台运营、平台监管、公共服务三个方面的挑战。

第一，从平台运营管理看，我国住房租赁行业社区化发展面临房源信息

真实性、交易服务安全性、审核服务高效性、数据服务价值性、合同管理规范性、客服管理标准化的共性挑战。

第二，从平台监管来看，我国住房租赁行业社区化发展面临数据接口不统一、市场预警不及时、市场分析不专业、价格调控不精准的普遍问题。

第三，从公共服务来看，我国住房租赁行业社区化发展面临政务服务接入难、公共配套落地难两大问题，社区化服务对学区房查询、公积金服务、居住证服务、积分入学、社保服务等行政服务的强需求，以及对家政服务、寄存服务、搬家服务、消杀服务、水电气缴费、宠物寄养等公共服务的强预期正在持续加大。

在提升城市管理精细化运营服务的大背景下，未来的城市运营中，住房平台运营是非常重要的一部分，以租赁运营为核心，辐射短租、长租、交易等各类房屋流动方式，通过一体化的智能平台，实现城市运营级别的住房运营监管服务。

品牌生态指数发展研究

Research on the Development of Brand Ecological Index

B.7

中国品牌生态指数发展研究*

《中国品牌战略发展报告（2021~2022）》课题组**

摘　要： 本部分内容是在连续三年开展品牌生态指数评价研究的基础上，结合我国品牌经济发展的时代要求，对中国品牌生态指数评价指标体系、评价对象选择、品牌生态发展区、品牌强度区间的年度性优化情况进行了说明，报告建立了中国品牌生态指数评价体系 CBEI（3.2）版本。

关键词： 品牌生态指数　评价体系　品牌生态发展区

---

*　本报告系《中国品牌战略发展报告（2021~2022）》课题组年度研究成果。

**　课题组组长：才大颖，品牌中国战略规划院副院长，《中国品牌战略发展报告》执行主编，长期从事消费品牌、品牌生态体系、轻奢品类、国企品牌和责任品牌等领域研究；课题组副组长：孙瑞，研究方向为企业品牌竞争力、区域品牌生态、企业 ESG 与社会价值；课题组副组长：张晗琪，研究方向为企业品牌竞争力、城市营商环境等。

一 2021年中国品牌生态指数研究与发展

基于品牌中国战略规划院"维护品牌战略总体性安全、推动品牌经济高质量发展"的整体理念,中国品牌生态指数于2016年启动研究,基于品牌生态理论的基本原理,综合系统工程学、城市经济学的相关理论和应用实践,不断结合中国经济发展和品牌建设的实际,进行适度微调。

2016年首次以理论研究的形式,将生态学理论引入品牌研究,提出品牌具有生态属性的概念,总结品牌的生态属性具有层次性、适应性和动态性三个显著的特征,构建了品牌生态指数的理论基础。

2017年对中国大陆地区100多个地级以上城市的品牌生态进行了系统跟踪分析,建立了包括经济发展、宜居环境、消费能力、产业支撑、文化影响五个维度的指标体系,最终推出了"2017年中国品牌生态指数50强城市榜单"。

2018年中国品牌生态指数贯彻中央"经济建设、政治建设、文化建设、社会建设、生态文明建设"五位一体总体布局和"创新、协调、绿色、开放、共享"发展理念,在扩大评价对象范围和调整评价指标体系两大方向上进行了创新性研究,以推动品牌经济发展为目标,以"经济"、"环境"、"消费"、"商服"和"文化"五大"支撑力"研究为框架,推出了2.0版评价体系,并将评价范围扩展到130个城市。

2019年,《中国品牌生态指数报告》获得社会科学文献出版社皮书研究院第十届"优秀皮书报告奖"二等奖。在此基础上,中国品牌生态指数在对营商环境、新经济发展理论比较研究的基础上,综合考虑中国人均国民生产总值进入1万美元的新发展阶段特征,结合实践调研意见,在丰富品牌生态指数的产业内涵,优化品牌生态指标评价模型,指数计算向强度指数调整三个方面进行了深入研究,推出了中国品牌生态指数评价体系CBEI(3.0)。将新的评价指标体系丰富为"经济"、"环境"、"消费"、"商业"、"产业"和"文化"六大指标体系,将指数运算由百分制评分制,调整为强度指数,指数的高低反映了城市品牌经济发展和品牌生态系统的强度与竞争力。

2020年，综合考虑新冠肺炎疫情的影响，在"经济"、"环境"、"消费"、"商业"、"产业"和"文化"六大指标体系稳定性的基础上，将与疫情相关性较大的品牌相关指标进行优化，实现了指标体系更符合中国经济发展的实际，形成《中国品牌生态指数评价体系CBEI（3.1）》版本。

2021年，基于我国经济发展从三期叠加向三重压力升级过渡的实际，课题组从"经济"、"环境"、"消费"、"商业"、"产业"和"文化"六大指标体系方面对当前我国经济社会面临的挑战和趋势进行了详细的分析研究，在稳定一级指标研究方向的同时，对内部二级指标构成进行了认真的分析，增加了反映"高质量发展"和"美好生活"相关指标的权重，形成了《中国品牌生态指数评价体系CBEI（3.2）》版本。

二 中国品牌生态指数体系CBEI（3.2）

（一）指标体系构建的原则与依据

我国城市品牌生态指数的建立应坚持贯彻"创新、协调、绿色、开放、共享"的新发展理念，以确保"经济建设、政治建设、文化建设、社会建设、生态文明建设"五位一体总体安全为品牌生态总体安全底线，以推动高质量发展和建设美好生活为双轮驱动，实现中国品牌生态系统的可持续发展。中国品牌生态指数评价体系CBEI（3.2）是基于现代品牌生态学的基本理论，从经济、环境、消费、商业、产业和文化六个支撑力维度对城市品牌发展水平进行综合评价的指标体系。指标体系的建立严格遵循以下基本原则。

第一，引领性研究和重点性分析相结合的原则。

中国品牌生态指数评价体系CBEI（3.2）是在对区域品牌生态相关指标全面综合考量的基础上，从经济、环境、消费、商业、产业和文化六个支撑力维度，对区域品牌经济的竞争力进行量化评价的指标体系。与此同时，

品牌生态指数评价体系，将政府引导经济发展的定位和社会经济发展的时代性要求量化为品牌强度因子，开展引导性研究。

第二，客观量化研究和持续获取相结合的原则。

中国品牌生态指数评价体系 CBEI（3.2）强调数据的定量研究，剔除了不可量化的定性指标，避免了人为因素的干扰，明确了指标体系以客观数据为基础的原则，同时坚持指标数据的持续可获取性，保证所有指标数据能够通过公开可查询的渠道持续获取、不间断，剔除个性化指标，对于部分数据年份缺失或口径不一的情况，采取相应的技术处理方式以确保连续和公平。

第三，评价性研究和诊断性研究相结合的原则。

中国品牌生态指数体系 CBEI（3.2）坚持评价性研究和诊断性研究相结合的原则，引导研究的指标侧重公开数据，重视指标体系的未定性、持续性，通过指标体系评价引导地方政府对品牌生态建设的重视。诊断性研究是在公开数据的基础上，引入非公开和调研数据，并引入持续年度的增量指标。评价性研究指标用于定期评估，诊断性研究指标用于具体项目规划和咨询。

在以上指标体系构建原则的指导下，评价体系所涉及的指标数据源于官方发布的权威报告，涉及国家统计局网站、各区域统计局网站、相关省市统计年鉴、对标样本所属官方网站以及政府公布的文件和权威发布的科研成果等。

（二）评价指标体系框架

中国品牌生态指数评价体系 CBEI（3.2）中指标体系的确立，是基于相关定义，基于引领性研究和重点性分析相结合的原则、客观量化研究和持续获取相结合的原则、评价性研究和诊断性研究相结合的原则进行最终指标确定。

在指标的确定过程中，我们对 2018 年研究过程中经济、环境、消费、商服和文化五个指标遴选方向进行了丰富，将分项指数扩充到经济、环境、消费、商业、产业和文化六个指标，对于指向模糊和获取性较差的指标进行删减替换，最终确定了 28 个类型 76 个权重指标。

中国品牌生态指数评价体系 CBEI（3.2）中的指标体系，由经济支撑力指数、环境支撑力指数、消费支撑力指数、商业支撑力指数、产业支撑力指数和文化支撑力指数六个分项支撑力指数构成。选取公开可查询、连续性的客观数据，反映区域品牌生态发展水平（见表 1）。

表 1　中国品牌生态指数评价体系 CBEI（3.2）

指数	一级指标	二级指标	单位
经济支撑力	区域经济发展水平	国民生产总值	万元
		国民生产总值增长率	%
		人均国民生产总值	元
		城镇居民人均可支配收入	元
	城市现代化发展水平	城市化率	%
		城市分级评分	分
		宽带用户数	万人
		移动电话用户数	万户
		电信业务收入	万元
	外向型经济发展水平	外贸进出口总额	万美元
		实际使用外资金额	万美元
	第三产业发展水平	市辖区第三产业产值	万元
		市辖区第三产业产值占 GDP 比重	%
	区域流动性发展水平	客运总量	万人
		货运总量	万吨
环境支撑力	城市环境发展水平	空气质量优良天数占比	%
		城市（建成区）绿化率	%
	城市规划景观环境	人均公园绿地面积	米^2
		绿地与广场用地面积占城市建设用地面积比重	%
	城市清洁环境	污水处理厂集中处理率	%
		生活垃圾无害化处理率	%
		三类以上公厕数占比	%
	城市教育医疗环境	万人拥有医疗床位数	张
		万人拥有小学数量	所
		万人拥有中学数量	所

续表

指数	一级指标	二级指标	单位
环境支撑力	城市交通环境	高铁站通车数	车次
		民航客运量	万人
		轨道通车里程	千米
		万人拥有公共汽车数量	辆
		万人拥有出租车数量	辆
	城市文明环境	全国文明城市得分	分
消费支撑力	城市综合消费水平	社会消费品零售总额	万元
		城镇居民人均消费支出	元
		人均存款	元
	城市高收入人群比例	金融业从业人员数	人
		信息产业从业人员数	人
		市辖区医生人数	人
		市辖区文化体育娱乐从业人员	人
	高端品牌供给水平	高端餐饮品牌	个
		高端服装品牌	个
		高端汽车品牌	个
商业支撑力	城市商业发展水平	限额以上批发零售商贸企业数（法人数）	家
		限额以上批发零售业商品销售总额	万元
		限额以上批发零售业商品平均销售额	万元
		市场相关从业人员占比	%
		商业设施用地占比	%
	品牌商业发展水平	高端品牌卖场总量	个
		综合百货样本总量	个
		综合家居卖场样本总量	个
	酒店业发展水平	万人拥有五星级酒店数量	家
产业支撑力	企业综合发展水平	规模以上企业数	个
		规模以上企业利润总额	万元
		企业平均利润率	%
		在岗人均工资	元
	产业国际化程度	外资企业数占比	%
	产业链配套水平	企业拥有的产业配套从业人员数量	人
	创意产业发展水平	中华老字号数量	个
		非遗生产性保护示范基地数量	个
	产业研发能力	R&D 人员拥有研发经费数量	元
		R&D 占 GDP 比重	%

续表

指数	一级指标	二级指标	单位
产业支撑力	产业研发能力	专利申请数	件
		发明专利占专利授权数之比	%
	产业综合支持能力	国家级开发区数量	个
文化支撑力	政府引导支持力度	政府文化体育和传媒支出	万元
		科学和教育支出占比	%
		科学和教育支出	万元
		科学和教育支出占比	%
	教育和文化产业发展水平	教育和文化从业人员数	人
		教育和文化从业人员占从业人数比例	%
		人均拥有图书馆藏书量	册
		10万人拥有博物馆数量	个
	高等教育发展水平	百名高校学生拥有高等学校教师数	人
		10万人拥有普通高等院校数	个
	历史和文化传承水平	历史文化名城数量	个
		历史文化街区数量	个
		国家级文化产业示范园区数量	个

第一，经济支撑力指数反映了区域经济要素对品牌生态系统的支撑能力，品牌生态的发展水平与区域经济发展水平密切相关。经济支撑力指数在指标选择上从区域经济发展水平、城市现代化发展水平、外向型经济发展水平、第三产业发展水平、区域流动性发展水平5个维度进行定义。其中区域经济发展水平选择了国民生产总值、国民生产总值增长率、人均国民生产总值和城镇居民人均可支配收入整体和微观相结合的指标；城市现代化水平是区域现代化程度的表现，选取了城市化率、城市分级评分、宽带用户数、移动电话用户数和电信业务收入进行研究；外向型经济发展水平选取了代表外资投资视角的实际使用外资金额以及代表贸易视角的外贸进出口总额两项指标进行测算；第三产业发展水平选取了市辖区第三产业产值和市辖区第三产业产值占GDP比重进行衡量；区域流动性发展水平选取了客运和货运的总量进行反映。

第二，环境支撑力指数反映了区域环境要素对品牌生态系统的支撑能

力，良好的宜居环境有助于品牌经济的快速发展，推动消费结构升级，环境支撑力指数强调"宜居宜住宜业"的理念，分别选取城市环境发展水平、城市规划景观环境、城市清洁环境、城市教育医疗环境、城市交通环境、城市文明环境 6 个维度进行评价，其中城市环境发展水平选择空气质量优良天数占比、城市（建成区）绿化率来反映区域人居环境水平；城市规划景观环境由人均公园绿地面积和绿地与广场用地面积占城市建设用地面积比重来反映；城市清洁环境由污水处理厂集中处理率、生活垃圾无害化处理率和三类以上公厕数占比来反映；城市教育医疗环境由万人拥有医疗床位数、万人拥有小学数量和万人拥有中学数量来反映；城市交通环境由反映外部便利性的高铁站通车数、民航客运量和反映内部便利性的轨道通车里程、万人拥有公共汽车数量、万人拥有出租车数量来反映；城市文明环境由能集中体现城市文明程度的全国文明城市得分进行反映。

第三，消费支撑力指数反映了区域消费要素对品牌生态系统的支撑能力，指示体系分别从城市综合消费水平、城市高收入人群比例、高端品牌供给水平进行评价。其中城市综合消费水平分别从社会消费品零售总额、城镇居民人均消费支出和人均存款进行分析；城市高收入人群比例选择具有高收入特征的职业代表，包括金融业、信息产业、医生、文化、体育和娱乐业从业人员等代表人群；高端品牌供给水平选择了餐饮、服装、汽车三个具有品牌消费特征的产品作为研究指标。

第四，商业支撑力指数反映了区域商业要素对品牌生态系统的支撑能力，分别从城市商业发展水平、品牌商业发展水平和酒店业发展水平三个方面进行评价，其中城市商业发展水平由限额以上批发零售商贸企业数（法人数）、限额以上批发零售业商品销售总额和市场相关从业人员占比等指标来反映；品牌商业发展水平选取了高端品牌卖场总量、综合百货样品总量等指标进行反映；酒店业发展水平选取了万人拥有五星级酒店数量进行反映。

第五，产业支撑力指数反映了区域产业要素对品牌生态系统的支撑能力，产业支撑力是品牌生态系统持续生命力的保证，产业支撑力指数由企业综合发展水平、产业国际化程度、产业链配套水平、创意产业发展水平、产业研发能力和产业综合支持能力构成。其中企业综合发展水平由规模以上企业数、规模以上企业利润总额、企业平均利润率和在岗人均工资宏微观数据指标来反映；产业国际化程度由外资企业数占比来体现；产业链配套水平由企业拥有的产业配套从业人员数量进行测度；创意产业发展水平由反映文化传承的中华老字号数量和体现创意产业发展能力的非遗生产性保护示范基地数量组成；产业研发能力由 R&D 人员拥有研发经费数量、R&D 占 GDP 比重、专利申请数和发明专利占专利授权数之比构成；产业综合支持能力主要参照国家级开发区数量。

第六，文化支撑力指数反映了区域文化要素对品牌生态系统的支撑能力，区域文化发展水平越高的对其品牌的认同越高，指数主要从政府引导支持力度、教育和文化产业发展水平、高等教育发展水平与历史和文化传承水平四个维度进行评价，其中政府引导支持力度主要参考政府文化体育和传媒支出与科学和教育支出占比等指标；教育和文化产业发展水平由教育和文化从业人员数、人均拥有图书馆藏书量、10 万人拥有博物馆数量等指标来衡量；高等教育发展水平反映了城市的文化素养，选择了百名高校学生拥有高等学校教师数和 10 万人拥有普通高等院校数来反映；历史文化传承水平反映了一个城市精神的内涵，选取了历史文化名城数量、历史文化街区数量和国家级文化产业示范园数量进行集中衡量。

（三）评价模型的建立

鉴于品牌生态指数评价体系指标多、数据量大、离散性强的特征，我们继续引入城市品牌强度因子对分项指数实施影响；对采集数据在标准化后进行回归处理，降低其离散性；指标赋权上引入极值、中位数和平均数参考，强调评价体系的竞争力特性。

1. 数据标准化处理

针对数据搜集过程中出现的数据缺失问题，课题组根据缺失值产生的原因，综合采取了历史数据增量差补法、区域均值差补法、线性回归差补法进行数据补充，鉴于数据可获得性增强，2020~2021 年数据缺失比例不超过 0.1%。

在指标数据处理上，鉴于评价指标含义不同，数据差异较大，各指标不能使用数值进行评价，为了使数据具有可比性，课题组采取了极差标准化的方法进行无量纲化处理，对于正向的指标数据按照如下公式处理：

$$Y = \frac{X - \min X}{\max X - \min X} \qquad (1)$$

对于逆向的指标数据按照以下公式进行处理

$$Y = \frac{\max X - X}{\max X - \min X} \qquad (2)$$

最终通过公式处理，将所有指标处理成 0~1 之间的标准化数值。

2. 指标赋权

中国品牌生态指数赋权分为指标赋权和分项指数赋权两套权重体系，在综合多年专家赋权数据的基础上，课题组提出指标赋权极差不超过 0.3，分项指数极差不超过 1.5 的赋权标准，尽量缩小专家赋权的灵活性，继续沿用前期研究的第一轮德尔菲统计专家法赋权和第二轮李克特 5 级量表品牌专家评分。

权重的确定是综合评价最重要的部分，权重确定正确与否直接关系到最后的评价结果，进而影响分析的真实性，鉴于品牌生态系统评价具有初期研究样本综合排序和后续研究中样本比较分析两种应用场景，因此在指标权重的选择中我们将专家经验和数学工具综合使用，以确定评价指标的权重。根据两轮专家打分，最后采用直接计算均值的方式确定指标权重。

3. 分项指数评价值计算

$$CBES_j = \alpha \lg n \sum_{i=1}^{n} \beta_i Y_I \qquad (3)$$

公式中，$CBES_j$ 是品牌生态系统分项指数评价值；Y_i 代表经过公式处理后的指标标准值；β_i 代表各项指标的权重，在对加权后的各级指标进行加总求和后形成初评分值，初评分值进行回归分析并加入品牌强度系数因子 α 形成分项指数评价值；j 代表分项指数名称；i 代表二级指标名称。

4. 分项指数计算

分项指数采取强度指数的设计，选择参评城市分项指数评价值的平均数为100，计算公式如下：

$$CBEI_j = CBES_j / \left(\frac{100}{\gamma_j} \right) \tag{4}$$

公式中，$CBEI_j$ 是品牌生态系统分项指数；γ_j 为该指数列的均值。

5. 城市综合指数计算

综合指数由分项指数的权重进行加权求和得出。公式如下：

$$CBEI_i = N_j \sum_{j=1}^{n} CBEI_j \tag{5}$$

公式中，$CBEI_i$ 代表各城市品牌生态综合评价指数，是品牌生态系统分项指数；N_j 代表分项指数的权重，最后对加权后的各分项指数进行加总求和；i 代表各城市综合指数。

6. 总指数计算

总指数是对中国品牌生态系统的年度性变现的评价，是以各分项指数100强数据为基础，去除机制影响后进行加权平均得出。

三 品牌生态指数评价对象的选择

品牌生态指数评价以客观公开数据为评价基准，适用于我国行政区划内各级别行政区域，在延续年度研究对象选择原则的基础上，遵循研究的连续性、信息的可获取性，课题组设定了 2020～2021 年城市选择的标准（见表2）。

表2　中国品牌生态指数（2020～2021）评价入围城市选择标准

序号	标准规则
1	2020 年度中国 GDP100 强城市
2	中国省级、副省级城市，计划单列市
3	人均 GDP 超过 10000 美元且城市 GDP 总量超过 2000 亿美元的地级市
4	中国历史文化名城且城市 GDP 总量超过 1000 亿美元的地级市

鉴于数据获取的延续性和标准性问题，由于统计数据不完整，本次研究未将港澳台地区和拉萨纳入，年度评价城市共计119个，名单见表3。

表3　遴选城市范围

省、区、市	城市	数量
直辖市	北京、天津、上海、重庆	4
河北	石家庄、唐山、秦皇岛、邯郸、保定、沧州、廊坊	7
山西	太原、大同	2
内蒙古	呼和浩特、包头、鄂尔多斯	3
辽宁	沈阳、大连	2
吉林	吉林、长春	2
黑龙江	哈尔滨、齐齐哈尔、大庆	3
江苏	南京、无锡、徐州、泰州、常州、苏州、南通、连云港、淮安、盐城、扬州、镇江、宿迁	13
浙江	杭州、宁波、温州、嘉兴、湖州、绍兴、金华、衢州、台州、丽水	10
安徽	合肥、芜湖	2
福建	福州、厦门、莆田、三明、泉州、漳州、龙岩	7
江西	南昌、九江、赣州	3
山东	济南、青岛、淄博、枣庄、东营、烟台、潍坊、济宁、泰安、德州、威海、聊城、临沂、菏泽、滨州、日照	16
河南	郑州、洛阳、新乡、许昌、南阳、周口	6
湖北	武汉、宜昌、襄阳	3
湖南	长沙、株洲、衡阳、岳阳、常德、郴州、湘潭	7
广东	广州、深圳、珠海、佛山、江门、湛江、惠州、茂名、肇庆、中山、东莞	11
广西	南宁、柳州、桂林	3
海南	海口	1
四川	成都、绵阳	2
贵州	贵阳、遵义	2
云南	昆明	1
陕西	西安、咸阳、榆林、宝鸡、延安	5
甘肃	兰州	1

续表

省、区、市	城市	数量
青海	西宁	1
宁夏	银川	1
新疆	乌鲁木齐	1

注：遴选城市范围未包含港澳台地区和拉萨。

四 中国品牌生态发展区的划分

为适应对品牌生态的区域研究和区域政策分析的需要，综合考虑我国城市分布和发展的区域特点，遵循地理空间相互毗邻、自然条件和资源禀赋结构相似、经济发展水平相对接近、经济发展联系密切、发展机遇和挑战相似、社会发展结构历史传承相近、区块规模适度相当、行政区划完整等原则，课题组参考行政区域划分、综合经济区划分等多种区域划分标准，确定了八大品牌生态发展区域的划分标准（见表4）。

表4 中国品牌生态发展区行政区域划分标准

区域名称	行政区域划分	区域总面积
东北品牌生态发展区	辽宁、吉林、黑龙江	79万平方千米
北部沿海品牌生态发展区	北京、天津、河北、山东	37万平方千米
东部沿海品牌生态发展区	上海、江苏、浙江	21万平方千米
南部沿海品牌生态发展区	福建、广东、海南	33万平方千米
黄河中游品牌生态发展区	陕西、山西、河南、内蒙古	160万平方千米
长江中游品牌生态发展区	湖北、湖南、江西、安徽	68万平方千米
西南品牌生态发展区	云南、贵州、四川、重庆、广西	134万平方千米
大西北品牌生态发展区	甘肃、青海、宁夏、西藏、新疆	398万平方千米

五　中国品牌生态指数强度的划分

该指数运算采取强度指数，指数反映了城市品牌经济发展和品牌生态系统的强度和竞争力。指数取值围绕 100 上下浮动，120 以上为过强，110～120（不含）为偏强，105～110（不含）为适度偏强，95～105（不含）为适度，90～95（不含）为适度偏低，80～90（不含）为偏低，80（不含）以下为过低（见表5）。

表5　中国品牌发展指数强度区间划分

强度	强度区间
过强	120 以上
偏强	110～120（不含）
适度偏强	105～110（不含）
适度	95～105（不含）
适度偏低	90～95（不含）
偏低	80～90（不含）
过低	80（不含）以下

参考文献

［1］《中国品牌战略发展报告（2019～2020）》，社会科学文献出版社，2019。

［2］《中国城市统计年鉴2020》，中国统计出版社，2021。

品牌生态指数评价报告

Evaluation Report of China Brand Ecological Index

B.8

中国品牌生态指数综合评价
报告（2020~2021）*

《中国品牌战略发展报告（2021~2022）》课题组**

摘　要： 根据品牌生态指数评价体系 CBEI（3.2）规范，本文对全国（不含港澳台地区和拉萨）119 个城市的品牌生态指数进行了规范评价。综合评价结果显示，当期中国品牌生态指数为 102.43，比上年增长了 1.11 个百分点，强度值处于适度区间，其中北京、上海、广州、成都、苏州、深圳、杭州、南京、宁波、重庆等 100 个城市进入中国品牌生态指数（2020~2021）100 强城市榜单。中国品牌生态指数评价结果由 1 个综合指数和经济支撑力、环境支撑力、消费支撑力、市场支撑力、产业支撑力和

---

* 本报告系《中国品牌战略发展报告（2021~2022）》课题组年度研究成果。

** 课题组组长：才大颖，品牌中国战略规划院副院长，《中国品牌战略发展报告》执行主编，长期从事消费品品牌、品牌生态体系、轻奢品类、国企品牌和责任品牌等领域研究；课题组副组长：孙瑞，研究方向为企业品牌竞争力、区域品牌生态、企业 ESG 与社会价值；课题组副组长：张晗琪，研究方向为企业品牌竞争力、城市营商环境等。

文化支撑力等6个分项指数构成。

关键词： 品牌生态指数　品牌生态支撑力　评价指数

一　中国品牌生态指数（2020~2021）
综合运行情况评价

根据中国品牌生态指数评价体系CBEI（3.2）规范，我们对全国（不含港澳台地区和拉萨）119个城市的品牌生态指数进行了规范评价。

（一）综合指数分析

综合评价结果显示，当期中国品牌生态指数为102.43.比上年增长了1.11个百分点，强度值处于适度区间（见图1）。其中北京、上海、广州、成都、苏州、深圳、杭州、南京、宁波、重庆等100个城市进入中国品牌生态指数（2020~2021）100强城市榜单。其中北京以118.47为城市最高指数，上海以118.27位居第二、广州以113.60位居第三，株洲以94.27为100强城市准入门槛。

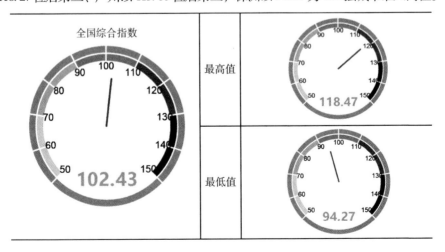

图1　中国品牌生态指数（2020~2021）

从区间均值和最低值分布情况来看，当期中国品牌生态指数前10强城市的平均指数为112.60，最低值为108.88；前20强城市的平均指数为109.82，最低值为105.86；前50强城市的平均指数为105.82，最低值为100.29（见表1）。

表1 中国品牌生态指数均值和最低值分布情况

排序	平均值	最低值
前10强	112.60	108.88
前20强	109.82	105.86
前50强	105.82	100.29

（二）分项指数分析

从分项指标来看，中国品牌生态指数分别由经济、环境、消费、市场、产业和文化六个维度的分项支撑力指数构成，通过统一测算，当期中国品牌生态指数各分项能力指数和极值分布情况如表2所示。

表2 品牌生态指数各分项能力指数和极值分布情况

分项能力指数	指数	最高值	最低值
经济支撑力指数	102.47	124.05	90.31
环境支撑力指数	101.56	105.27	94.36
消费支撑力指数	103.55	120.93	87.30
市场支撑力指数	102.89	134.04	76.56
产业支撑力指数	102.58	119.85	82.27
文化支撑力指数	101.97	114.88	88.19

通过对当期中国品牌生态指数各分项能力指数的进一步分析，形成了当期中国品牌生态指数标准城市画像（见图2）。

根据生态指数强度值标准，中国品牌生态指数及各分项能力指数整体处于"适度"区间，其中消费支撑力指数、市场支撑力指数、产业支撑力指

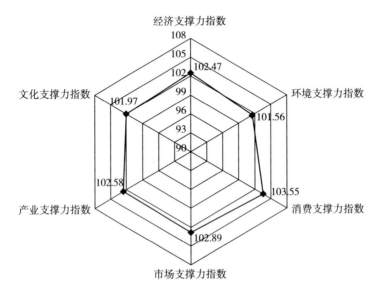

图2　当期中国品牌生态指数标准城市画像

数、经济支撑力指数均高于文化支撑力指数和环境支撑力指数，表现出我国在品牌经济活动过程中重视消费、市场和经济等硬件建设的发展阶段特征，其强度值排序如表3所示。

表3　六大支撑力指数强度值排序

序号	分项指数	指数值	区间状态
1	消费支撑力指数	103.55	适度
2	市场支撑力指数	102.89	适度
3	产业支撑力指数	102.58	适度
4	经济支撑力指数	102.47	适度
5	文化支撑力指数	101.97	适度
6	环境支撑力指数	101.56	适度

（三）区域指数分析情况

从城市品牌生态指数的强度值分布来看，58.82%的城市处于适度区间，比上年减少了12.18个百分点，15.97%的城市处于适度偏强区间，比上年增加了4.97个百分点，偏强以上城市占到6.72%，比上年下降了3.28个百分点，适度偏低及偏低城市占到18.49%，比上年增加了10.49个百分点。总体分析来看，适度偏强以上城市比重增大反映了城市对品牌建设的重视程度更强，但适度偏低以下城市比重同比增大，也客观反映了我国城市品牌建设呈现出两极分化的趋势（见表4）。

表4　中国品牌生态指数强度区域分布情况（2020~2021）

强度区间	指数区间	上年数量	上年城市	当年数量	当年城市
过强	120以上	1	北京	0	
偏强	110~120（不含）	9	上海、广州、成都、深圳、杭州、南京、苏州、天津、重庆	8	北京、上海、广州、成都、苏州、深圳、杭州、南京
适度偏强	105（不含）-110（不含）	11	武汉、宁波、青岛、西安、无锡、长沙、福州、济南、沈阳、温州、鄂尔多斯	19	宁波、重庆、武汉、温州、无锡、嘉兴、福州、佛山、天津、青岛、长沙、鄂尔多斯、厦门、东莞、西安、郑州、合肥、泉州、绍兴
适度	95~105	71	佛山、常州、大连、郑州、泉州、厦门、烟台、昆明、南通、嘉兴、合肥、湖州、南昌、绍兴、石家庄、镇江、海口、哈尔滨、东莞、金华、呼和浩特、台州、贵阳、潍坊、扬州、珠海、长春、廊坊、乌鲁木齐、太原、惠州、三明、银川、南宁、泰州、徐州、桂林、漳州、威海、芜湖、东营、洛阳、沧州、兰州、中山、淄博、丽水、榆林、江门、邯郸、西宁、唐山、宜昌、遵义、衢州、泰安、保定、济宁、大庆、盐城、绵阳、柳州、龙岩、大同、包头、赣州、岳阳、株洲、九江、宝鸡、秦皇岛	70	珠海、大连、沈阳、济南、金华、常州、昆明、湖州、呼和浩特、漳州、烟台、惠州、南通、南昌、台州、三明、海口、桂林、镇江、哈尔滨、扬州、泰州、石家庄、贵阳、长春、丽水、徐州、银川、太原、南宁、湘潭、宜昌、江门、芜湖、廊坊、威海、东营、兰州、潍坊、沧州、中山、包头、乌鲁木齐、唐山、龙岩、衢州、榆林、盐城、洛阳、济宁、淄博、淮安、九江、湛江、保定、常德、遵义、咸阳、延安、绵阳、连云港、泰安、柳州、赣州、衡阳、秦皇岛、郴州、襄阳、南阳、岳阳

续表

强度区间	指数区间	上年数量	上年城市	当年数量	当年城市
适度偏低	90~95(不含)	8	临沂、湘潭、日照、咸阳、湛江、连云港、郴州、淮安	19	临沂、周口、株洲、新乡、肇庆、莆田、齐齐哈尔、大庆、宝鸡、西宁、茂名、许昌、日照、邯郸、宿迁、吉林、聊城、大同、枣庄
偏低	80~90(不含)	0		3	菏泽、德州、滨州
过低	0~80(不含)	0			

　　从品牌生态发展区分布来看，东部沿海、南部沿海的品牌生态发展居于较高水平，无论是入围城市数量，还是建设水平都有良好表现，而东北、西南、北部沿海和黄河中游品牌生态发展区共有43个城市入围，整体建设水平处于第二梯队，其中东北品牌的创建水平处于第二梯队的领先地位。长江中游和大西北品牌生态发展区整体分值略低于其他地区，入选城市发展水平有待提升。黄河中游和长江中游品牌生态发展区的入围城市品牌同比增加，而东北、北部沿海和大西北品牌生态发展区入围城市数量同比减少（见表5）。

表5　中国品牌生态发展区域指数分布情况

序号	区域	当年区域指数	强度状态	城市数量	上年区域指数	比上年城市数量
1	东部沿海品牌生态发展区	104.08	适度	23	103.48	—
2	南部沿海品牌生态发展区	103.74	适度	16	102.41	—
3	东北品牌生态发展区	102.46	适度	4	101.87	−1
4	西南品牌生态发展区	101.25	适度	8	101.54	—
5	北部沿海品牌生态发展区	100.31	适度	18	100.9	−2
6	黄河中游品牌生态发展区	99.82	适度	13	100.08	1
7	长江中游品牌生态发展区	98.92	适度	15	99.15	3
8	大西北品牌生态发展区	98.63	适度	3	99.1	−1

二　中国品牌生态指数（2020~2021）标准城市模型

中国品牌生态指数从 2017 年开始建立中国品牌生态指数标准城市模型，并基于当年评价结果中的最优值、平均值和达标值，分别建立中国品牌生态指数最优标准城市模型、平均标准城市模型和基本标准城市模型，根据建模原则，我们根据 2021 年指标体系调整的情况，依据中国品牌生态发展区划分标准，综合考虑不同区域发展特点，构建了 2021 年版本的 8 个品牌生态发展区标准城市模型，以便于比较研究和区域城市对标。

（一）东北品牌生态发展区标准城市模型

当期东北品牌生态发展区标准城市模型综合指数为 102.46，整体处于适度区间，最优值为 104.58，最低值为 99.99。该区域标准城市模型及指数如图 3 和表 6 所示。

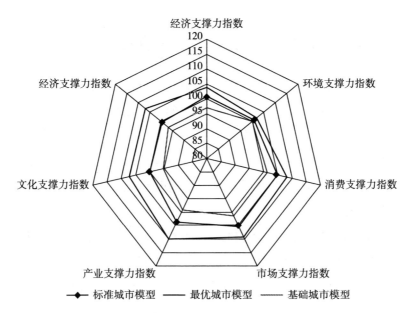

图 3　东北品牌生态发展区标准城市模型（2020~2021）

073

表6　东北品牌生态发展区标准城市模型数据（2020~2021）

模型类型	经济支撑力指数	环境支撑力指数	消费支撑力指数	市场支撑力指数	产业支撑力指数	文化支撑力指数
标准城市模型	100.82	100.86	104.47	105.32	103.66	100.12
最优城市模型	103.87	101.97	108.20	109.25	109.92	107.06
基础城市模型	96.89	99.70	101.14	101.45	99.16	95.22

　　总体来看，东北品牌生态发展区发展较为均衡，呈现市场支撑力、消费支撑力较高，文化支撑力、经济支撑力较弱，最优城市模型中市场支撑力指数、产业支撑力指数、消费支撑力指数、文化支撑力指数进入适度偏强区间。较强的市场、消费和产业支撑力指数反映了供需能力升级的整体走势，但消费支撑力、市场支撑力和文化支撑力、经济支撑力、环境支撑力发展指数的两极化，客观反映了东北品牌生态发展区高质量发展能力仍有待提升，以文化和环境为主的新品牌经济发展动能尚未形成。

（二）北部沿海品牌生态发展区标准城市模型

　　当期北部沿海品牌生态发展区标准城市模型综合指数为100.31，整体居于适度区间，最优值为118.47，最低值为94.68。该区域标准城市模型及指数如图4和表7所示。

　　总体来看，北部沿海品牌生态发展区发展呈现消费支撑力、市场支撑力、产业支撑力较强，环境支撑力较弱，但总体差距不大，最优城市模型中市场支撑力、经济支撑力、消费支撑力较强，环境支撑力较弱；基础城市模型中，市场支撑力和消费支撑力指数进入偏低区，环境支撑力、产业支撑力和市场支撑力也处于适度偏低区。总体上看，北部沿海品牌生态发展区呈现优势城市和基础城市差异较大的特点，文化支撑力较低与北部沿海区域丰富的文化底蕴表现极不相称。

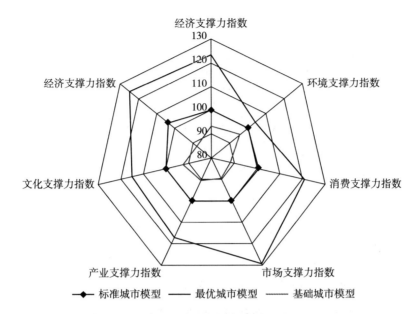

图4 北部沿海品牌生态发展区标准城市模型（2020~2021）

表7 北部沿海品牌生态发展区标准城市模型数据（2020~2021）

模型类型	经济支撑力指数	环境支撑力指数	消费支撑力指数	市场支撑力指数	产业支撑力指数	文化支撑力指数
标准城市模型	100.20	100.02	100.79	100.62	100.40	99.88
最优城市模型	123.49	104.18	120.93	129.21	117.18	114.88
基础城市模型	93.72	95.65	88.51	89.71	90.48	92.84

（三）东部沿海品牌生态发展区标准城市模型

当期东部沿海品牌生态发展区标准城市模型综合指数为104.08，整体居于适度区间，最优值为118.27，最低值为96.01。该区域标准城市模型及指数如图5和表8所示。

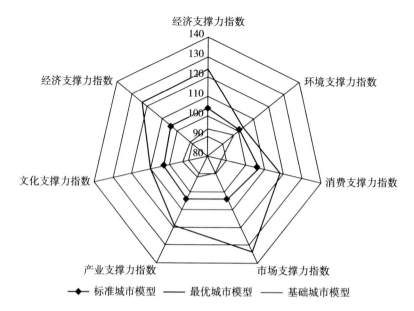

图5 东部品牌生态发展区标准城市模型（2020~2021）

表8 东部品牌生态发展区标准城市模型数据（2020~2021）

模型类型	经济支撑力指数	环境支撑力指数	消费支撑力指数	市场支撑力指数	产业支撑力指数	文化支撑力指数
标准城市模型	104.25	101.24	107.47	104.23	104.14	103.34
最优城市模型	124.05	103.26	118.55	134.04	119.16	110.09
基础城市模型	93.82	97.13	87.30	89.72	91.87	93.11

　　总体来看，东部品牌生态发展区呈现消费支撑力一枝独秀的发展态势，环境支撑力较弱依然有待弥补，最优城市模型中市场支撑力指数、经济支撑力指数均进入过强区间，产业支撑力指数和文化支撑力指数进入偏强区间；基础城市模型中，市场支撑力指数和消费支撑力指数进入偏低区间，经济支撑力指数、环境支撑力指数和文化支撑力指数也处于适度偏低区。东部品牌生态发展区呈现明显的强消费、强市场、强产业态势，环境支撑力指数相比上年有明显提升，但文化支撑力持续发展的动能依然不足。

（四）南部沿海品牌生态发展区标准城市模型

当期南部沿海品牌生态发展区标准城市模型综合指数为103.74，整体居于适度区间，最优值为113.60，最低值为96.66。该区域标准城市模型及指数如图6和表9所示。

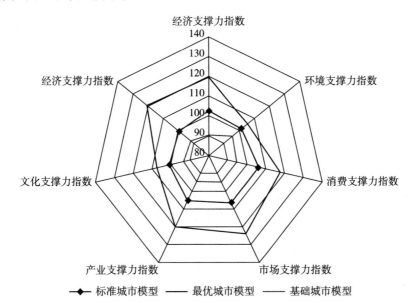

图6　南部沿海品牌生态发展区标准城市模型（2020~2021）

表9　南部沿海品牌生态发展区标准城市模型数据（2020~2021）

模型类型	经济支撑力指数	环境支撑力指数	消费支撑力指数	市场支撑力指数	产业支撑力指数	文化支撑力指数
标准城市模型	102.57	101.50	106.12	106.42	105.42	100.91
最优城市模型	119.52	105.27	117.66	123.84	119.85	107.54
基础城市模型	90.31	95.66	94.77	95.19	94.90	93.36

总体来看，南部沿海品牌生态发展区呈现市场支撑力、消费支撑力、产业支撑力较强，文化支撑力和环境支撑力较弱的态势，最优城市模型中市场支撑力指数进入过强区间，产业支撑力、经济支撑力和消费支撑力指数进入偏强区间；基础城市模型中，市场支撑力、消费支撑力和文化支撑力指数进

入适度偏低区间。南部沿海品牌生态发展区整体呈现均衡发展态势，文化支撑力和环境支撑力的提升有助于品牌生态的进一步优化。

（五）黄河中游品牌生态发展区标准城市模型

当期黄河中游品牌生态发展区标准城市模型综合指数为99.82，居于适度区间，最优值为105.86，最低值为94.40，该区域标准城市模型及指数如图7和表10所示。

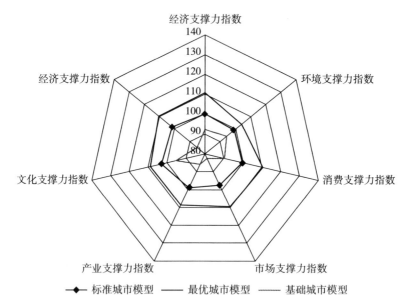

图7 黄河中游品牌生态发展区标准城市模型（2020～2021）

表10 黄河中游品牌生态发展区标准城市模型数据（2020～2021）

模型类型	经济支撑力指数	环境支撑力指数	消费支撑力指数	市场支撑力指数	产业支撑力指数	文化支撑力指数
标准城市模型	99.66	98.85	100.01	102.03	97.92	101.76
最优城市模型	110.59	103.95	111.78	116.00	109.04	111.13
基础城市模型	85.02	94.73	88.03	89.32	89.92	86.91

总体来看，黄河中游品牌生态发展区整体发展水平处于较低水平，呈现市场支撑力、文化支撑力、消费支撑力略强，产业支撑力、环境支撑力和经

济支撑力较弱的态势。最优城市模型中市场支撑力、消费支撑力、文化支撑力和经济支撑力指数进入偏强区间。基础城市模型中，除了环境支撑力指数进入适度偏低区间以外，其他指数都在偏低区间。黄河中游品牌生态发展区整体呈现产业支撑力、经济支撑力较弱的态势，增强产业差异竞争力、实现文化优势的价值转化将有助于品牌生态的进一步优化。

（六）长江中游品牌生态发展区标准城市模型

当期长江中游品牌生态发展区标准城市模型综合指数为 98.92，整体居于适度区间，最优值为 108.72，最低值为 94.27。该区域标准城市模型及指数如图 8 和表 11 所示。

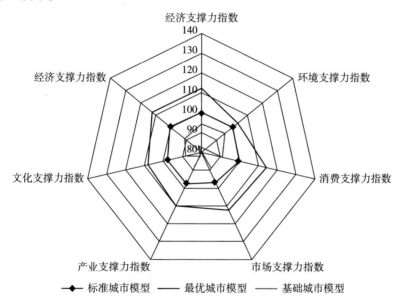

图 8　长江中游品牌生态发展区标准城市模型（2020~2021）

表 11　长江中游品牌生态发展区标准城市模型数据（2020~2021）

模型类型	经济支撑力指数	环境支撑力指数	消费支撑力指数	市场支撑力指数	产业支撑力指数	文化支撑力指数
标准城市模型	100.35	100.38	100.05	96.88	97.88	97.80
最优城市模型	112.24	103.40	114.07	112.68	110.17	108.40
基础城市模型	93.99	95.19	90.90	76.56	82.27	88.19

总体来看，长江中游品牌生态发展区呈现环境支撑力引领、其他支撑力较弱的态势。最优城市模型中消费支撑力、市场支撑力、经济支撑力和产业支撑力指数均进入偏强区间。基础城市模型中，除了环境支撑力指数进入适度区间以外，市场支撑力、产业支撑力和文化支撑力指数都处在偏低区间。长江中游品牌生态发展区整体呈现市场支撑力、环境支撑力引领的态势，产业支撑力、市场支撑力和文化支撑力偏弱是亟待弥补的短板。

（七）西南品牌生态发展区标准城市模型

当期西南品牌生态发展区标准城市模型综合指数为101.25，整体居于适度区间，最优值为112.53，最低值为95.83。该区域标准城市模型及指数如图9和表12所示。

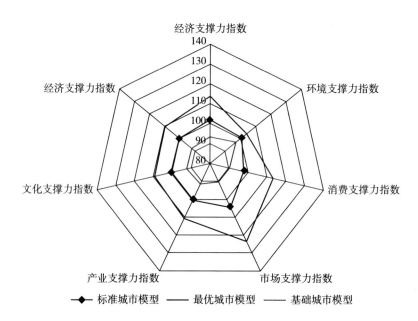

图9 西南品牌生态发展区标准城市模型（2020~2021）

表 12　西南品牌生态发展区标准城市模型数据（2020~2021）

模型类型	经济支撑力指数	环境支撑力指数	消费支撑力指数	市场支撑力指数	产业支撑力指数	文化支撑力指数
标准城市模型	101.78	100.67	97.75	104.81	101.02	101.03
最优城市模型	113.44	103.74	113.46	123.69	110.99	109.39
基础城市模型	92.99	96.85	90.44	90.70	91.67	92.49

总体来看，西南品牌生态发展区呈现市场支撑力、经济支撑力引领，消费支撑力较弱的态势。最优城市模型中市场支撑力进入过强区间，消费支撑力、产业支撑力指数进入偏强区间。基础城市模型中，除了环境支撑力指数以外，其他指数处于适度偏低区间。西南品牌生态发展区整体呈现市场支撑力引领的态势，增强整体产业支撑力，增强环境和文化的价值转化能力是优化品牌生态的关键。

（八）大西北品牌生态发展区标准城市模型

当期大西北品牌生态发展区标准城市模型综合指数为98.63，整体居于适度区间，最优值为99.55，最低值为97.86。该区域标准城市模型及指数如图10和表13所示。

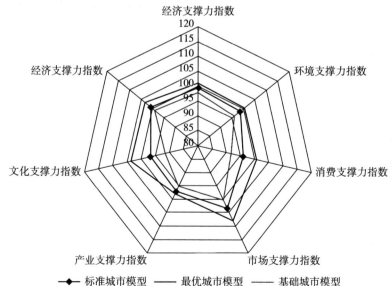

图 10　西南品牌生态发展区标准城市模型（2020~2021）

表13 大西北品牌生态发展区标准城市模型数据（2020~2021）

模型类型	经济支撑力指数	环境支撑力指数	消费支撑力指数	市场支撑力指数	产业支撑力指数	文化支撑力指数
标准城市模型	99.46	98.40	95.93	103.47	97.02	96.94
最优城市模型	101.04	100.34	100.60	108.25	98.06	103.63
基础城市模型	97.72	95.97	91.58	100.52	95.44	91.72

总体来看，大西北品牌生态发展区品牌生态处于较低水平，呈现市场支撑力引领，环境支撑力、产业支撑力和文化支撑力较弱的态势。最优城市模型中除了市场支撑力指数进入适度偏强区间以外，其他指数均在适度区间。基础城市模型中，消费支撑力和文化支撑力指数处于偏低区间。大西北品牌生态发展区整体呈现产业支撑力偏弱，突出优势引领不足的问题。加快发挥文化和消费的正向作用，弥补产业短板，形成差异化竞争优势已经迫在眉睫。

三 中国品牌生态系统支撑力专项指数运行情况分析

（一）中国品牌生态系统经济支撑力分析

经济支撑力反映了区域经济发展水平对品牌经济发展的支撑力度，本期评价结果显示，中国品牌生态系统经济支撑力指数为102.47，最优值124.05，最低值为90.31（见图11）。北京、上海、广州、成都、苏州、深圳、杭州、南京、无锡、重庆等城市入围中国品牌生态系统经济支撑力指数100强。

从区间均值和最低值分布情况来看，2020年中国品牌生态指数经济支撑力前10强城市的平均指数为116.11，最低值为112.33；前20强城市的平均指数为111.84，最低值为102.69；前50强城市的平均指数为106.45，最低值为100.82（见表14）。

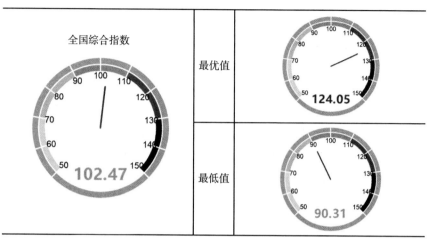

图 11 中国品牌生态系统经济支撑力指数

表 14 中国品牌生态系统经济支撑力指数区间均值和最低值分布

排序	平均值	最低值
前 10 强	116.11	112.33
前 20 强	114.84	102.69
前 50 强	106.45	100.82

　　从经济支撑力强度指数来看，经济支撑力指数 100 强城市中有 13% 的城市品牌生态系统经济支撑力在偏强区间及以上，12% 的城市品牌生态系统经济支撑力处于适度偏强区间，11% 的城市品牌生态系统经济支撑力适度偏低（见表 15）。

表 15 中国品牌生态系统经济支撑力指数 100 强城市（2020~2021）区域分布情况

热度区间	指数区间	数量	分布城市
过强	120 以上	2	上海、北京
偏强	110~120（不含）	11	深圳、广州、苏州、成都、杭州、南京、重庆、武汉、长沙、郑州、无锡
适度偏强	105~110（不含）	12	宁波、青岛、厦门、天津、西安、珠海、福州、常州、合肥、济南、佛山、温州

续表

热度区间	指数区间	数量	分布城市
适度	95～105(不含)	64	昆明、南通、贵阳、东莞、嘉兴、大连、绍兴、泉州、沈阳、烟台、鄂尔多斯、金华、南昌、扬州、镇江、台州、湖州、乌鲁木齐、石家庄、洛阳、呼和浩特、太原、海口、泰州、徐州、唐山、芜湖、宜昌、兰州、遵义、哈尔滨、包头、南宁、漳州、衡阳、株洲、廊坊、东营、九江、惠州、岳阳、威海、银川、襄阳、湘潭、丽水、三明、南阳、盐城、长春、桂林、西宁、秦皇岛、淮安、龙岩、潍坊、榆林、大庆、赣州、郴州、沧州、江门、淄博、绵阳
适度偏低	90～95(不含)	11	莆田、衢州、新乡、泰安、济宁、常德、邯郸、连云港、临沂、保定、延安
很低	80～90(不含)	0	
过低	0～80(不含)	0	

从品牌生态发展区分布来看，东部沿海、南部沿海的品牌生态系统经济支撑力较强，西南、东北、长江中游、北部沿海的经济支撑力处于第二梯队。黄河中游和大西北品牌生态发展区经济支撑力略低于其他地区。

表16　中国品牌生态系统经济支撑力指数分区域指数运行情况

序号	区域	区域指数	强度状态
1	东部沿海品牌生态发展区	104.25	适度
2	南部沿海品牌生态发展区	102.57	适度
3	西南品牌生态发展区	101.78	适度
4	东北品牌生态发展区	100.82	适度
5	长江中游品牌生态发展区	100.35	适度
6	北部沿海品牌生态发展区	100.20	适度
7	黄河中游品牌生态发展区	99.83	适度
8	大西北品牌生态发展区	99.46	适度

（二）中国品牌生态系统环境支撑力分析

环境支撑力指数反映了区域社会生活环境对品牌经济的支撑能力，本期中国品牌生态系统环境支撑力指数为 101.56，最优值 105.27，最低值为 94.36（见图 12）。广州、北京、深圳、成都、鄂尔多斯、漳州、郴州、杭州、福州、金华等城市入围中国品牌生态系统环境支撑力指数 100 强。

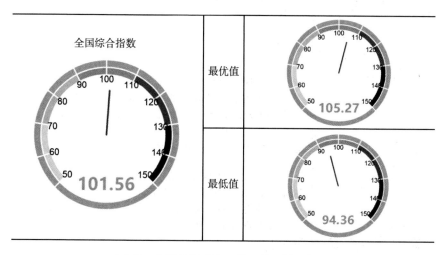

图 12　中国品牌生态系统环境支撑力指数

从区间均值和最低值分布情况来看，2020 年中国品牌生态指数环境支撑力前 10 强城市的平均指数为 103.71，最低值为 103.01；前 20 强城市的平均指数为 105.83，最低值为 104.19；前 50 强城市的平均指数为 102.25，最低值为 101.00（见表 17）。

表 17　中国品牌生态系统环境支撑力指数区间均值和最低值分布

排序	平均值	最低值
前 10 强	103.71	103.01
前 20 强	105.83	104.19
前 50 强	102.25	101.00

从环境支撑力强度指数来看，环境支撑力指数 100 强城市中有 1% 的城市品牌生态系统环境支撑力在适度偏强区间，99% 的城市环境支撑力处于适度区间，环境支撑力指数分值普遍处于较高水平（见表 18）。

表18 中国品牌生态系统环境支撑力指数100强城市区域分布情况

热度区间	指数区间	数量	分布城市
过强	120以上	0	
偏强	110~120（不含）	0	
适度偏强	105（不含）~110（不含）	1	广州
适度	95~105	99	北京、深圳、成都、鄂尔多斯、漳州、郴州、杭州、福州、金华、合肥、上海、赣州、龙岩、佛山、延安、丽水、温州、苏州、贵阳、厦门、三明、桂林、武汉、廊坊、大连、肇庆、惠州、南京、威海、衢州、青岛、海口、昆明、台州、东莞、南通、遵义、芜湖、宁波、嘉兴、珠海、岳阳、莆田、绍兴、湖州、重庆、长春、盐城、秦皇岛、西宁、常德、扬州、南阳、沈阳、湘潭、烟台、洛阳、宿迁、潍坊、新乡、宜昌、株洲、许昌、泰州、银川、徐州、镇江、临沂、常州、绵阳、天津、中山、吉林、济宁、东营、郑州、周口、连云港、咸阳、哈尔滨、长沙、唐山、淮安、西安、衡阳、兰州、济南、淄博、沧州、石家庄、泰安、九江、泉州、茂名、江门、南宁、南昌、宝鸡
适度偏低	90~95（不含）	0	
很低	80~90（不含）	0	
过低	0~80（不含）	0	

从品牌生态发展区分布来看，南部、东部、东北的品牌生态系统环境支撑力较强，西南、长江中游、北部沿海的环境支撑力处于第二梯队，黄河中游、大西北品牌生态发展区的环境支撑力略低于其他地区（见表19）。

表19 中国品牌生态系统环境支撑力指数分区域指数运行情况

序号	区域	区域指数	强度状态
1	南部沿海品牌生态发展区	101.50	适度
2	东部沿海品牌生态发展区	101.24	适度
3	东北品牌生态发展区	100.86	适度
4	西南品牌生态发展区	100.67	适度
5	长江中游品牌生态发展区	100.38	适度
6	北部沿海品牌生态发展区	100.02	适度
7	黄河中游品牌生态发展区	99.18	适度
8	大西北品牌生态发展区	98.40	适度

（三）中国品牌生态系统消费支撑力分析

消费支撑力指数反映了区域消费水平对品牌经济的支撑能力，当期中国品牌生态系统消费支撑力指数为 103.55，最优值 120.93，最低值为 87.30（见图 13）。北京、上海、广州、成都、杭州、深圳、南京、天津、无锡、苏州等城市入围中国品牌生态系统消费支撑力指数 100 强。

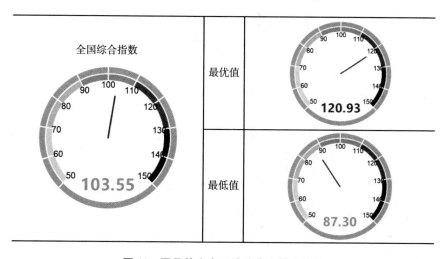

图 13 国品牌生态系统消费支撑力指数

从区间均值和最低值分布情况来看，当期中国品牌生态指数消费支撑力前 10 强城市的平均指数为 117.36，最低值为 114.36；前 20 强城市的平均指数为 114.79，最低值为 110.66；前 50 强城市的平均指数为 109.61，最低值为 101.92（见表 20）。

表 20 中国品牌生态系统消费支撑力指数区间均值和最低值分布

排序	平均值	最低值
前 10 强	117.36	114.36
前 20 强	114.79	110.66
前 50 强	109.61	101.92

从消费支撑力强度指数来看，消费支撑力指数 100 强城市中有 24% 的城市品牌生态系统消费支撑力在偏强区间及以上，13% 的城市消费支撑力处于适度偏强区间，19% 的城市消费支撑力处于适度偏低及以下区间（见表 21）。

表 21　中国品牌生态系统消费支撑力指数 100 强区域分布情况

热度区间	指数区间	数量	分布城市
过强	120 以上	1	北京
偏强	110~120（不含）	23	上海、金华、嘉兴、苏州、广州、温州、杭州、深圳、无锡、长沙、成都、南京、台州、福州、宁波、厦门、丽水、珠海、佛山、东莞、鄂尔多斯、湖州、绍兴
适度偏强	105（不含）~110（不含）	13	武汉、沧州、青岛、三明、大连、漳州、合肥、重庆、济南、常州、沈阳、呼和浩特、郑州
适度	95~105	44	昆明、西安、廊坊、镇江、泉州、天津、南通、南昌、烟台、衢州、咸阳、哈尔滨、衡阳、长春、常德、兰州、中山、湘潭、泰州、郴州、扬州、江门、岳阳、周口、潍坊、海口、惠州、唐山、淄博、东营、威海、石家庄、株洲、洛阳、南宁、太原、秦皇岛、龙岩、盐城、宜昌、桂林、银川、济宁、大庆
适度偏低	90~95（不含）	18	湛江、九江、徐州、保定、包头、芜湖、滨州、柳州、贵阳、泰安、乌鲁木齐、延安、绵阳、赣州、莆田、南阳、襄阳、遵义
很低	80~90（不含）	1	榆林
过低	0~80（不含）	0	

从品牌生态发展区分布来看，东部沿海、南部沿海品牌生态发展区消费支撑力指数居于领先位置，东北、北部沿海、长江中游品牌生态发展区消费支撑力指数处于第二梯队，西南、大西北品牌生态发展区消费支撑力指数略低于其他地区（见表 22）。

表 22　中国品牌生态系统消费支撑力指数分区域指数运行情况

序号	区域	区域指数	强度状态
1	东部沿海品牌生态发展区	107.47	适度
2	南部沿海品牌生态发展区	106.12	适度
3	东北品牌生态发展区	104.47	适度

序号	区域	区域指数	强度状态
4	北部沿海品牌生态发展区	100.79	适度
5	长江中游品牌生态发展区	100.05	适度
6	黄河中游品牌生态发展区	99.57	适度
7	西南品牌生态发展区	97.75	适度
8	大西北品牌生态发展区	95.93	适度

（四）中国品牌生态系统市场支撑力分析

市场支撑力指数反映了区域商业和服务业态等市场要素发展水平对品牌经济的支撑能力，当期中国品牌生态系统市场支撑力指数为102.89，最优值134.04，最低值为76.56（见图14）。上海、北京、广州、成都、重庆、宁波、苏州、惠州、南京、天津等城市入围中国品牌生态系统市场支撑力指数100强。

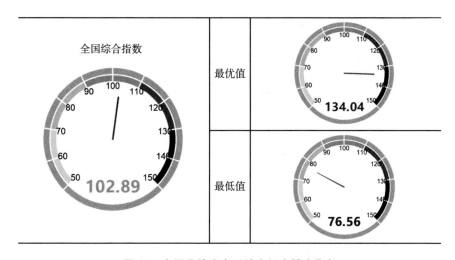

图14　中国品牌生态系统市场支撑力指数

从区间均值和最低值分布情况来看，当期中国品牌生态指数市场支撑力前10强城市的平均指数为120.39，最低值为113.78；前20强城市的平均

指数为 115.96，最低值为 109.25；前 50 强城市的平均指数为 109.56，最低值为 102.40（见表 23）。

表 23 中国品牌生态系统市场支撑力指数区间均值和最低值分布

排序	平均值	最低值
前 10 强	120.39	113.78
前 20 强	115.96	109.25
前 50 强	109.56	102.40

从市场支撑力强度指数来看，市场支撑力指数 100 强城市中有 18% 的城市品牌生态系统市场支撑力在偏强区间及以上，18% 的城市市场支撑力处于适度偏强区间，19% 的城市市场支撑力处于适度偏低及以下区间（见表 24）。

表 24 中国品牌生态系统市场支撑力指数 100 强城市区域分布情况

热度区间	指数区间	数量	分布城市
过强	120 以上	4	上海、北京、广州、成都
偏强	110~120（不含）	14	重庆、宁波、苏州、惠州、南京、天津、温州、无锡、武汉、厦门、杭州、泉州、合肥、东莞
适度偏强	105（不含）~110（不含）	18	鄂尔多斯、大连、西安、珠海、呼和浩特、乌鲁木齐、沈阳、青岛、佛山、嘉兴、宜昌、南昌、桂林、昆明、南宁、济南、绍兴、深圳
适度	95~105	45	东营、郑州、常州、长沙、福州、三明、烟台、贵阳、海口、石家庄、太原、江门、长春、湛江、襄阳、泰州、漳州、银川、哈尔滨、连云港、兰州、南通、淮安、徐州、宝鸡、芜湖、金华、湘潭、宿迁、扬州、日照、潍坊、威海、常德、保定、包头、湖州、柳州、泰安、镇江、绵阳、临沂、济宁、中山、龙岩
适度偏低	90~95（不含）	17	秦皇岛、枣庄、唐山、九江、周口、盐城、榆林、大同、沧州、台州、廊坊、丽水、聊城、茂名、遵义、许昌、新乡
很低	80~90（不含）	2	延安、衢州
过低	0~80（不含）	0	

从品牌生态发展区分布来看，南部沿海、东北品牌生态发展区市场支撑力指数较高，西南、东部沿海、大西北、北部沿海处于第二梯队，黄河中游和长江中游品牌生态发展区市场支撑力略低于其他地区（见表25）。

表25 中国品牌生态系统市场支撑力指数分区域指数运行情况

序号	区域	区域指数	强度状态
1	南部沿海品牌生态发展区	106.42	适度
2	东北品牌生态发展区	105.32	适度
3	西南品牌生态发展区	104.81	适度
4	东部沿海品牌生态发展区	104.23	适度
5	大西北品牌生态发展区	103.47	适度
6	北部沿海品牌生态发展区	100.62	适度
7	黄河中游品牌生态发展区	97.60	适度
8	长江中游品牌生态发展区	96.88	适度

（五）中国品牌生态系统产业支撑力分析

产业支撑力指数反映了所在区域的产业支撑要素发展水平对品牌经济的支撑能力，当期中国品牌生态系统产业支撑力指数为102.58，最优值119.85，最低值为82.27（见图15）。深圳、上海、北京、苏州、佛山、宁波、杭州、成都、泉州、青岛等城市入围中国品牌生态系统产业支撑力指数100强。

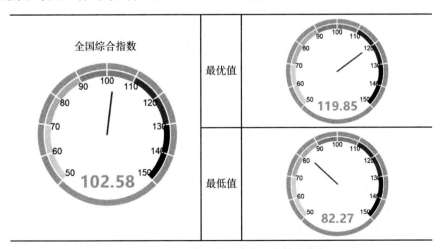

图15 中国品牌生态系统产业支撑力指数

从区间均值和最低值分布情况来看，当期中国品牌生态指数产业支撑力前10强城市的平均指数为114.41，最低值为110.17；前20强城市的平均指数为111.78，最低值为107.98；前50强城市的平均指数为108.48，最低值为102.82（见表26）。

表26　中国品牌生态系统产业支撑力指数区间均值和最低值分布

排序	平均值	最低值
前10强	114.41	110.17
前20强	111.78	107.98
前50强	108.48	102.82

从产业支撑力强度指数来看，产业支撑力指数100强城市中有11%的城市品牌生态系统产业支撑力在偏强区间，16%的城市产业支撑力处于适度偏强区间，5%的城市产业支撑力处于适度偏低区间（见表27）。

表27　中国品牌生态系统产业支撑力指数100强城市区域分布情况

热度区间	指数区间	数量	分布城市
过强	120以上	0	
偏强	110~120（不含）	11	深圳、上海、北京、苏州、佛山、宁波、杭州、成都、泉州、青岛、武汉
适度偏强	105（不含）~110（不含）	16	东莞、大连、天津、湖州、无锡、郑州、广州、珠海、重庆、福州、榆林、南京、绍兴、鄂尔多斯、济南、嘉兴
适度	95~105	68	常州、芜湖、齐齐哈尔、石家庄、盐城、台州、长春、江门、南通、湘潭、温州、中山、桂林、绵阳、厦门、西安、烟台、株洲、沈阳、呼和浩特、湛江、合肥、龙岩、连云港、海口、漳州、茂名、威海、惠州、镇江、唐山、昆明、咸阳、潍坊、长沙、哈尔滨、南宁、泰州、贵阳、南昌、扬州、徐州、银川、淄博、吉林、太原、乌鲁木齐、大庆、宜昌、九江、襄阳、衢州、临沂、济宁、洛阳、东营、日照、包头、廊坊、淮安、肇庆、保定、莆田、兰州、宿迁、赣州、延安、柳州
适度偏低	90~95（不含）	5	三明、丽水、沧州、常德、德州
很低	80~90（不含）	0	
过低	0~80（不含）	0	

从品牌生态发展区分布来看，南部沿海品牌生态发展区产业支撑力指数较高，东部沿海、东北、西南和北部沿海等处于第二梯队，黄河中游、长江中游和大西北品牌生态发展区的产业支撑力略低于其他地区（见表28）。

表28 中国品牌生态系统产业支撑力指数分区域指数运行情况

序号	区域	区域指数	强度状态
1	南部沿海品牌生态发展区	105.42	适度
2	东部沿海品牌生态发展区	104.14	适度
3	东北品牌生态发展区	103.66	适度
4	西南品牌生态发展区	101.02	适度
5	北部沿海品牌生态发展区	100.40	适度
6	黄河中游品牌生态发展区	99.28	适度
7	长江中游品牌生态发展区	97.88	适度
8	大西北品牌生态发展区	97.02	适度

（六）中国品牌生态系统文化支撑力分析

文化支撑力指数反映了区域文化发展水平对品牌经济的支撑能力，当期中国品牌生态系统文化支撑力指数为101.97，最优值114.88，最低值88.19（见图16）。北京、上海、苏州、成都、南京、西安、温州、长沙、金华、福州等城市入围中国品牌生态系统文化支撑力指数100强。

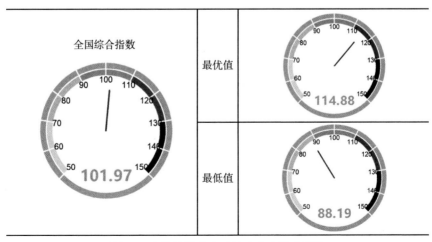

图16 中国品牌生态系统产业支撑力指数

从区间均值和最低值分布情况来看，当期中国品牌生态指数文化支撑力前 10 强城市的平均指数为 109.44，最低值为 107.54；前 20 强城市的平均指数为 107.79，最低值为 104.88；前 50 强城市的平均指数为 105.93，最低值为 103.03（见表 29）。

表 29　中国品牌生态系统产业支撑力指数区间均值和最低值分布

排序	平均值	最低值
前 10 强	109.44	107.54
前 20 强	107.79	104.88
前 50 强	105.93	103.03

从文化支撑力强度指数来看，文化支撑力指数 100 强城市中有 2% 的城市品牌生态系统文化支撑力在偏强区间，16% 的城市文化支撑力处于适度偏强区间，7% 的城市文化支撑力处于适度偏低区间（见表 30）。

表 30　中国品牌生态指数体系文化支撑力指数 100 强城市区域分布情况

热度区间	指数区间	数量	分布城市
过强	120 以上	0	
偏强	110~120（不含）	2	北京、上海
适度偏强	105（不含）~110（不含）	16	苏州、成都、南京、西安、温州、长沙、金华、福州、广州、嘉兴、杭州、沈阳、重庆、深圳、武汉、延安
适度	95~105	75	呼和浩特、榆林、漳州、泉州、济南、绍兴、三明、宁波、包头、赣州、镇江、南阳、天津、无锡、南昌、银川、徐州、桂林、遵义、太原、齐齐哈尔、保定、扬州、郑州、鄂尔多斯、哈尔滨、洛阳、咸阳、烟台、昆明、湖州、海口、合肥、济宁、邯郸、丽水、青岛、肇庆、衢州、佛山、中山、常州、聊城、淄博、泰安、廊坊、惠州、南通、淮安、柳州、台州、泰州、沧州、岳阳、大同、吉林、东莞、九江、厦门、郴州、石家庄、潍坊、贵阳、新乡、南宁、威海、江门、龙岩、长春、茂名、兰州、周口、德州、衡阳、大连
适度偏低	90~95（不含）	7	芜湖、湛江、盐城、唐山、湘潭、秦皇岛、西宁
很低	80~90（不含）	0	
过低	0~80（不含）	0	

从品牌生态发展区分布来看，东部沿海和黄河中游品牌生态发展区文化支撑力指数较高，西南、南部沿海、东北品牌生态发展区文化支撑力处于第二梯队，北部沿海、长江中游和大西北品牌生态发展区文化支撑力略低于其他地区（见表31）。

表31　中国品牌生态系统文化支撑力指数分区域指数运行情况

序号	区域	区域指数	强度状态
1	东部沿海品牌生态发展区	103.34	适度
2	黄河中游品牌生态发展区	103.34	适度
3	西南品牌生态发展区	101.03	适度
4	南部沿海品牌生态发展区	100.91	适度
5	东北品牌生态发展区	100.12	适度
6	北部沿海品牌生态发展区	99.88	适度
7	长江中游品牌生态发展区	97.80	适度
8	大西北品牌生态发展区	96.94	适度

四　中国品牌生态发展区域领先城市发展报告

（一）东北品牌生态发展区领军城市品牌生态分析

根据中国品牌生态指数体系 CBEI（3.2）模型的评价，当期东北品牌生态发展区共有大连、沈阳、哈尔滨、长春、齐齐哈尔、大庆、吉林 7 个城市入围中国品牌生态指数（2020~2021）100 强城市榜单。大连成为区域领军城市，综合指数为 104.74，全国排名第 29 位，各分项能力指数和全国排名情况如表 32 所示。

表32　大连品牌生态系统分项能力指数比较

分项指数	经济支撑力指数	环境支撑力指数	消费支撑力指数	市场支撑力指数	产业支撑力指数	文化支撑力指数
大连指数	103.87	101.97	108.20	109.25	109.92	95.22
大连全国排名	31	26	29	20	13	93

续表

分项指数	经济支撑力 指数	环境支撑力 指数	消费支撑力 指数	市场支撑力 指数	产业支撑力 指数	文化支撑力 指数
全国标准城市模型	102.47	101.56	103.55	102.89	102.58	101.97
全国最优城市模型	124.05	105.27	120.93	134.04	119.85	114.88
全国基础城市模型	90.31	94.36	87.3	76.56	82.27	88.19
区域平均值	100.82	100.86	104.47	105.32	103.66	100.12
区域最优值	103.87	101.97	108.20	109.25	109.92	107.06
区域基础值	96.89	99.70	101.14	101.45	99.16	95.22

通过与全国标准城市模型的比较，大连品牌生态系统的市场支撑力、产业支撑力、消费支撑力、经济支撑力和环境支撑力指数均超过全国平均水平，文化支撑力指数落后于全国平均水平，居于适度区间（见图17）。

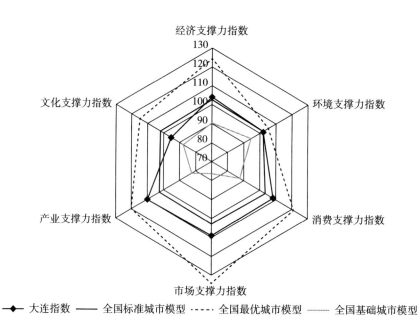

图17 大连品牌生态系统专项指数与全国标准城市值比较

通过与东北品牌生态发展区标准城市模型的比较，大连品牌生态系统的经济支撑力、环境支撑力、产业支撑力、市场支撑力和消费支撑力均高于区域平均水平，其中产业支撑力、市场支撑力和消费支撑力领先优势明显，但文化支撑力落后于区域平均水平（见图18）。

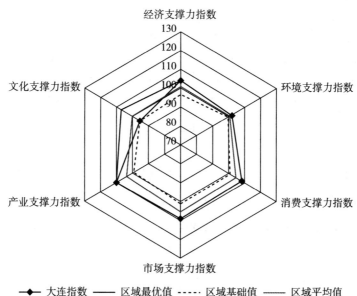

图18 大连品牌生态系统专项指数与区域标准城市值比较

（二）北部沿海品牌生态发展区领军城市品牌生态分析

根据中国品牌生态指数体系CBEI（3.2）模型的评价，当期北部沿海品牌生态发展区共有北京、天津、青岛、济南、烟台、石家庄、廊坊、威海、东营、潍坊、沧州、唐山、济宁、淄博、保定、泰安、秦皇岛、临沂、日照、邯郸、聊城、枣庄、菏泽、德州、滨州25个城市入围中国品牌生态指数（2020~2021）100强城市榜单。北京成为区域领军城市，综合指数为118.31，全国排名第1位，各分项能力指数和全国排名情况见表33。

表33 北京品牌生态系统分项能力指数比较

分项指数	经济支撑力指数	环境支撑力指数	消费支撑力指数	市场支撑力指数	产业支撑力指数	文化支撑力指数
北京指数	123.49	104.18	120.93	129.21	117.18	114.88
北京全国排名	2	2	1	2	3	1
全国标准城市模型	102.47	101.56	103.55	102.89	102.58	101.97
全国最优城市模型	124.05	105.27	120.93	134.04	119.85	114.88
全国基础城市模型	90.31	94.36	87.3	76.56	82.27	88.19
区域平均值	100.20	100.02	100.79	100.62	100.40	99.88
区域最优值	123.49	104.18	120.93	129.21	117.18	114.88
区域基础值	93.72	95.65	88.51	89.71	90.48	92.84

通过与全国标准城市模型的比较,北京品牌生态系统的经济支撑力、产业支撑力、文化支撑力、消费支撑力和市场支撑力均领先于全国平均水平,环境支撑力接近于全国平均水平(见图19)。

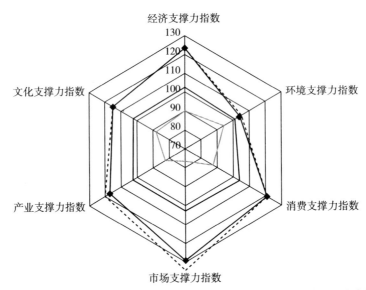

图19 北京品牌生态系统专项指数与全国标准城市值比较

通过与北部沿海品牌生态发展区标准城市模型的比较，北京品牌生态系统的市场支撑力、消费支撑力、文化支撑力和经济支撑力均大幅超过区域平均水平，环境支撑力与区域平均水平相比领先幅度较小（见图20）。

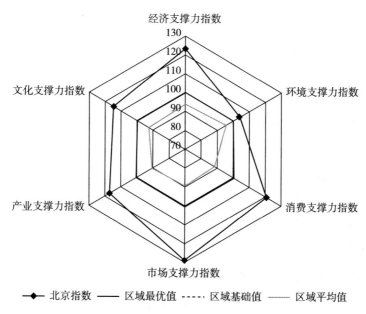

图20　北京品牌生态系统专项指数与区域标准城市值比较

（三）东部沿海品牌生态发展区领军城市品牌生态分析

根据中国品牌生态指数体系 CBEI（3.2）模型的评价，当期东部沿海品牌生态发展区共有上海、苏州、杭州、南京、宁波、温州、无锡、嘉兴、绍兴、金华、常州、湖州、南通、台州、镇江、扬州、泰州、丽水、徐州、衢州、盐城、淮安、连云港、宿迁 24 个城市入围中国品牌生态指数（2020~2021）100 强城市榜单。上海成为区域领军城市，综合指数为 118.10，全国排名第 2 位，各分项能力指数和全国排名情况见表 34。

表 34 上海品牌生态系统分项能力指数比较

分项指数	经济支撑力指数	环境支撑力指数	消费支撑力指数	市场支撑力指数	产业支撑力指数	文化支撑力指数
上海指数	124.05	102.71	118.55	134.04	119.16	110.09
上海全国排名	1	12	2	1	2	2
全国标准城市模型	102.47	101.56	103.55	102.89	102.58	101.97
全国最优城市模型	124.05	105.27	120.93	134.04	119.85	114.88
全国基础城市模型	90.31	94.36	87.3	76.56	82.27	88.19
区域平均值	104.25	101.24	107.47	104.23	104.14	103.34
区域最优值	124.05	103.26	118.55	134.04	119.16	110.09
区域基础值	93.82	97.13	87.30	89.72	91.87	93.11

通过与全国标准城市模型的比较，上海品牌生态系统的市场支撑力、经济支撑力在全国居于领先水平，但环境支撑力与其总体发展水平严重不适应，消费支撑力、产业支撑力和文化支撑力在全国也相对领先，市场支撑力、经济支撑力均居于过强区间，消费支撑力、产业支撑力和文化支撑力居于偏强区间，环境支撑力居于适度区间（见图 21）。

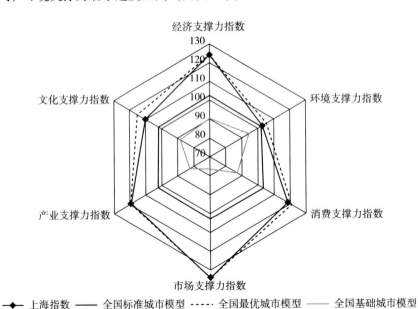

图 21 上海品牌生态系统专项指数与全国标准城市值比较

通过与东部沿海品牌生态发展区标准城市模型的比较，上海品牌生态系统的市场支撑力、经济支撑力、消费支撑力和产业支撑力均大幅高于区域平均水平，文化支撑力和环境支撑力领先幅度稍弱于其他支撑力（见图22）。

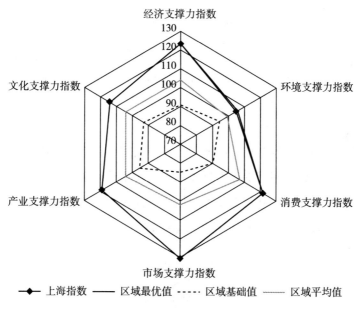

图22　上海品牌生态系统专项指数与区域标准城市值比较

（四）南部沿海品牌生态发展区领军城市品牌生态分析

根据中国品牌生态指数体系 CBEI（3.2）模型的评价，当期南部沿海品牌生态发展区共有广州、深圳、福州、佛山、厦门、东莞、泉州、珠海、漳州、惠州、三明、海口、江门、中山、龙岩、湛江、肇庆、莆田、茂名19个城市入围中国品牌生态指数（2020~2021）100强城市榜单。广州成为区域领军城市，综合指数为113.44，全国排名第3位，各分项能力指数和全国排名情况见表35。

表35 广州品牌生态系统分项能力指数比较

分项指数	经济支撑力指数	环境支撑力指数	消费支撑力指数	市场支撑力指数	产业支撑力指数	文化支撑力指数
广州指数	117.81	105.27	117.66	123.84	108.58	107.48
广州全国排名	4	1	6	3	18	11
全国标准城市模型	102.47	101.56	103.55	102.89	102.58	101.97
全国最优城市模型	124.05	105.27	120.93	134.04	119.85	114.88
全国基础城市模型	90.31	94.36	87.3	76.56	82.27	88.19
区域平均值	102.57	101.50	106.12	106.42	105.42	100.91
区域最优值	119.52	105.27	117.66	123.84	119.85	107.54
区域基础值	90.31	95.66	94.77	95.19	94.90	93.36

通过与全国标准城市模型的比较,广州品牌生态系统的各项支撑力均高于全国平均水平,但环境支撑力领先水平稍弱于其他指数,市场支撑力居于过强区间,经济支撑力和消费支撑力居于偏强区间,文化支撑力、环境支撑力和产业支撑力居于适度偏强区间(见图23)。

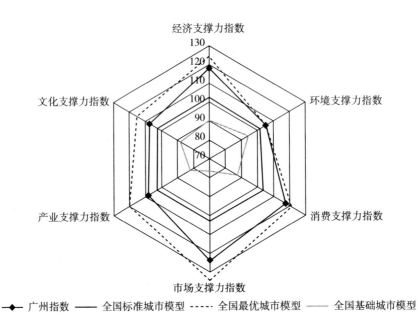

图23 广州品牌生态系统专项指数与全国标准城市值比较

通过与南部沿海品牌生态发展区标准城市模型的比较，广州品牌生态系统的经济支撑力和产业支撑力弱于区域最优指标，经济支撑力、消费支撑力和市场支撑力大幅高于区域平均水平，环境支撑力、产业支撑力和文化支撑力的领先幅度弱于其他指数（见图24）。

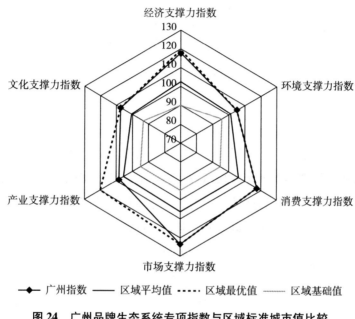

图24　广州品牌生态系统专项指数与区域标准城市值比较

（五）黄河中游品牌生态发展区领军城市品牌生态分析

根据中国品牌生态指数体系 CBEI（3.2）模型的评价，当期黄河中游品牌生态发展区共有鄂尔多斯、西安、郑州、昆明、呼和浩特、太原、包头、榆林、洛阳、咸阳、延安、南阳、周口、新乡、宝鸡、许昌、大同17个城市入围中国品牌生态指数（2020~2021）100强城市榜单。鄂尔多斯为区域领军城市，综合指数为105.99，全国排名第20位，各分项能力指数和全国排名情况见表36。

表36　西安品牌生态系统分项能力指数比较

分项指数	经济支撑力指数	环境支撑力指数	消费支撑力指数	市场支撑力指数	产业支撑力指数	文化支撑力指数
鄂尔多斯指数	102.69	103.71	110.33	109.85	106.67	102.69
鄂尔多斯全国排名	36	5	22	19	25	43
全国标准城市模型	102.47	101.56	103.55	102.89	102.58	101.97
全国最优城市模型	124.05	105.27	120.93	134.04	119.85	114.88
全国基础城市模型	90.31	94.36	87.3	76.56	82.27	88.19
区域平均值	99.83	99.18	99.57	97.60	99.28	103.34
区域最优值	110.35	103.71	110.33	109.85	108.73	108.74
区域基础值	91.79	94.36	89.96	82.77	86.08	95.41

　　通过与全国标准城市模型的比较，鄂尔多斯品牌生态系统的各项支撑力均高于全国平均水平，但消费支撑力、市场支撑力和产业支撑力领先水平高于其他指数，呈现出强市场、强消费和强产业的基本特征，消费支撑力居于偏强区间，市场支撑力和产业支撑力居于适度偏强区间，经济支撑力、文化支撑力、环境支撑力居于适度区间（见图25）。

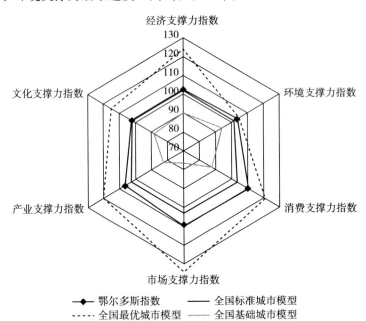

图25　鄂尔多斯品牌生态系统专项指数与全国标准城市值比较

通过与黄河中游品牌生态发展区标准城市模型的比较，鄂尔多斯品牌生态系统中的市场支撑力、消费支撑力、产业支撑力居于领先水平，环境支撑力、文化支撑力、经济支撑力领先幅度较小（见图26）。

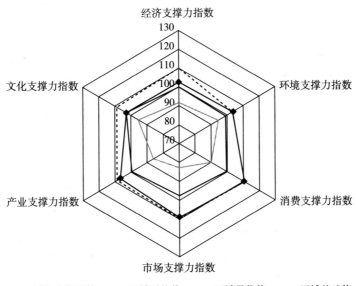

图26　鄂尔多斯品牌生态系统专项指数与区域标准城市值比较

（六）长江中游品牌生态发展区领军城市品牌生态分析

根据中国品牌生态指数体系 CBEI（3.2）模型的评价，当期长江中游品牌生态发展区共有武汉、长沙、合肥、南昌、湘潭、宜昌、芜湖、九江、常德、赣州、衡阳、郴州、襄阳、岳阳、株洲15个城市入围中国品牌生态指数（2020~2021）100强城市榜单。武汉为区域领军城市，综合指数为108.72，全国排名第11位，各分项能力指数和全国排名情况见表37。

表 37　武汉品牌生态系统分项能力指数比较

分项指数	经济支撑力指数	环境支撑力指数	消费支撑力指数	市场支撑力指数	产业支撑力指数	文化支撑力指数
武汉指数	112.24	102.03	109.45	112.68	110.17	105.36
武汉全国排名	10	24	25	13	11	17
全国标准城市模型	102.47	101.56	103.55	102.89	102.58	101.97
全国最优城市模型	124.05	105.27	120.93	134.04	119.85	114.88
全国基础城市模型	90.31	94.36	87.3	76.56	82.27	88.19
区域平均值	100.35	100.38	100.05	96.88	97.88	97.80
区域最优值	112.24	103.40	114.07	112.68	110.17	108.40
区域基础值	93.99	95.19	90.90	76.56	82.27	88.19

　　通过与全国标准城市模型的比较,武汉品牌生态系统的经济支撑力、市场支撑力高于全国平均水平,文化支撑力和环境支撑力接近全国平均水平,市场支撑力、经济支撑力和产业支撑力均居于偏强区间,文化支撑力和消费支撑力居于适度偏强区间,环境支撑力居于适度区间(见图27)。

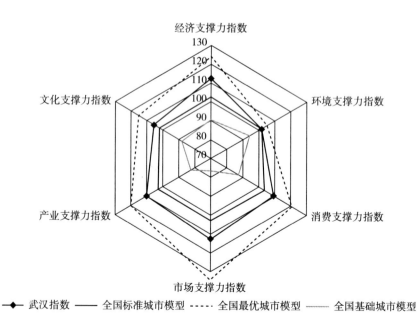

图 27　武汉品牌生态系统专项指数与全国标准城市值比较

通过与长江中游品牌生态发展区标准城市模型的比较，武汉品牌生态系统中的经济支撑力、市场支撑力、产业支撑力均为区域内最优水平，环境支撑力、消费支撑力和文化支撑力领先幅度较小。

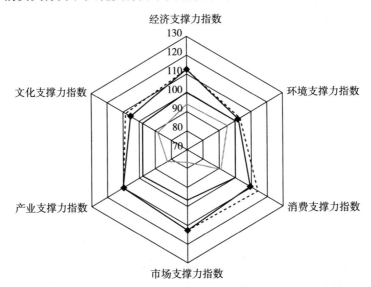

图28 武汉品牌生态系统专项指数与区域标准城市值比较

（七）西南品牌生态发展区领军城市品牌生态分析

根据中国品牌生态指数体系CBEI（3.2）模型的评价，当期西南品牌生态发展区共有成都、重庆、桂林、贵阳、南宁、遵义、绵阳、柳州8个城市入围中国品牌生态指数（2020~2021）100强城市榜单。成都为区域领军城市，综合指数为112.53，全国排名第4位，各分项能力指数和全国排名情况见表38。

表38 成都品牌生态系统分项能力指数比较

分项指数	经济支撑力指数	环境支撑力指数	消费支撑力指数	市场支撑力指数	产业支撑力指数	文化支撑力指数
成都指数	113.44	103.74	113.46	123.69	110.99	109.39
成都全国排名	6	4	12	4	8	4

续表

分项指数	经济支撑力指数	环境支撑力指数	消费支撑力指数	市场支撑力指数	产业支撑力指数	文化支撑力指数
全国标准城市模型	102.47	101.56	103.55	102.89	102.58	101.97
全国最优城市模型	124.05	105.27	120.93	134.04	119.85	114.88
全国基础城市模型	90.31	94.36	87.3	76.56	82.27	88.19
区域平均值	101.78	100.67	97.75	104.81	101.02	101.03
区域最优值	113.44	103.74	113.46	123.69	110.99	109.39
区域基础值	92.99	96.85	90.44	90.70	91.67	92.49

通过与全国标准城市模型的比较，成都品牌生态系统的市场支撑力大幅高于全国平均水平，环境支撑力接近全国最优水平，经济支撑力、文化支撑力和产业支撑力均处于全国领先水平，市场支撑力进入过强区间，经济支撑力、消费支撑力和产业支撑力均居于偏强区间，文化支撑力居于适度偏强区间，环境支撑力居于适度区间（见图29）。

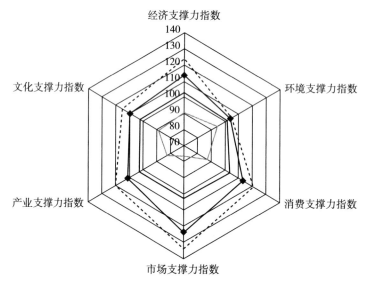

图29 成都品牌生态系统专项指数与全国标准城市值比较

通过与西南品牌生态发展区标准城市模型的比较，成都品牌生态系统中各项支撑力均处于区域内最优水平，市场支撑力、消费支撑力、产业支撑力大幅领先区域内平均水平，环境支撑力领先区域平均水平幅度较小（见图30）。

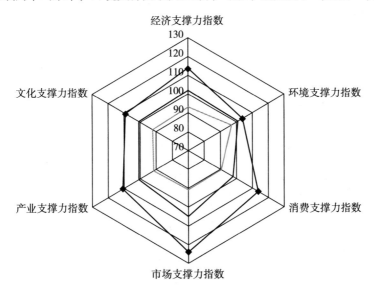

图30 成都品牌生态系统专项指数与区域标准城市值比较

（八）大西北品牌生态发展区领军城市品牌生态分析

根据中国品牌生态指数体系 CBEI（3.2）模型的评价，当期大西北品牌生态发展区共有银川、兰州、乌鲁木齐、西宁 4 个城市入围中国品牌生态指数（2020~2021）100 强城市榜单。银川为区域领军城市，综合指数为99.55，全国排名第 55 位，各分项能力指数和全国排名情况见表 39。

表39 银川品牌生态系统分项能力指数比较

分项指数	经济支撑力指数	环境支撑力指数	消费支撑力指数	市场支撑力指数	产业支撑力指数	文化支撑力指数
银川指数	97.72	100.34	95.60	101.65	98.06	103.63
银川全国排名	68	66	79	54	70	34

续表

分项指数	经济支撑力指数	环境支撑力指数	消费支撑力指数	市场支撑力指数	产业支撑力指数	文化支撑力指数
全国标准城市模型	102.47	101.56	103.55	102.89	102.58	101.97
全国最优城市模型	124.05	105.27	120.93	134.04	119.85	114.88
全国基础城市模型	90.31	94.36	87.3	76.56	82.27	88.19
区域平均值	99.46	98.40	95.93	103.47	97.02	96.94
区域最优值	101.04	100.34	100.60	108.25	98.06	103.63
区域基础值	97.72	95.97	91.58	100.52	95.44	91.72

通过与全国标准城市模型的比较，银川品牌生态系统的文化支撑力略高于全国平均水平，其他指标体系均低于全国平均水平，呈现文化引领的基本特征，消费支撑力和产业支撑力相对落后（见图31）。

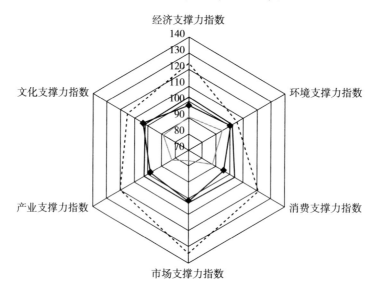

◆ 银川指数 —— 全国标准城市模型 ----- 全国最优城市模型 —— 全国基础城市模型

图31 银川品牌生态系统专项指数与全国标准城市值比较

通过与大西北品牌生态发展区标准城市模型的比较，银川品牌生态系统中环境支撑力、产业支撑力和文化支撑力处于区域最优水平，市场支撑力相对比较落后（见图32）。

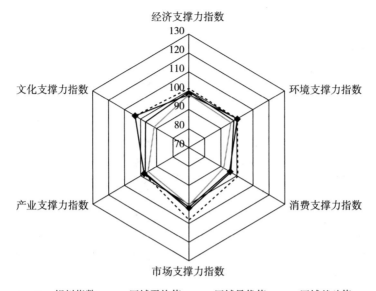

图32 银川品牌生态系统专项指数与区域标准城市值比较

五 中国品牌生态指数（2020～2021）评价结果

（一）中国品牌生态指数（2020~2021）综合评价结果

指数排序	城市	所属省、区、市	综合指数
1	北京	北京	118.47
2	上海	上海	118.27
3	广州	广东	113.60
4	成都	四川	112.53
5	苏州	江苏	112.51
6	深圳	广东	111.52
7	杭州	浙江	110.62
8	南京	江苏	110.05
9	宁波	浙江	109.50
10	重庆	重庆	108.88

续表

指数排序	城市	所属省、区、市	综合指数
11	武汉	湖北	108.72
12	温州	浙江	108.22
13	无锡	江苏	107.96
14	嘉兴	浙江	107.12
15	福州	福建	106.75
16	佛山	广东	106.68
17	天津	天津	106.56
18	青岛	山东	106.40
19	长沙	湖南	106.08
20	鄂尔多斯	内蒙古	105.86
21	厦门	福建	105.79
22	东莞	广东	105.66
23	西安	陕西	105.47
24	郑州	河南	105.38
25	合肥	安徽	105.32
26	泉州	福建	105.31
27	绍兴	浙江	105.21
28	珠海	广东	104.84
29	大连	辽宁	104.58
30	沈阳	辽宁	104.51
31	济南	山东	104.46
32	金华	浙江	103.79
33	常州	江苏	103.78
34	昆明	云南	103.34
35	湖州	浙江	103.22
36	呼和浩特	内蒙古	102.98
37	漳州	福建	102.83
38	烟台	山东	102.45
39	惠州	广东	102.41
40	南通	江苏	102.35
41	南昌	江西	102.02
42	台州	浙江	101.95
43	三明	福建	101.76
44	海口	海南	101.21

续表

指数排序	城市	所属省、区、市	综合指数
45	桂林	广西	101.06
46	镇江	江苏	100.99
47	哈尔滨	黑龙江	100.78
48	扬州	江苏	100.52
49	泰州	江苏	100.30
50	石家庄	河北	100.29
51	贵阳	贵州	100.02
52	长春	吉林	99.99
53	丽水	浙江	99.75
54	徐州	江苏	99.63
55	银川	宁夏	99.55
56	太原	山西	99.33
57	南宁	广西	99.05
58	湘潭	湖南	99.04
59	宜昌	湖北	99.00
60	江门	广东	98.98
61	芜湖	安徽	98.95
62	廊坊	河北	98.81
63	威海	山东	98.62
64	东营	山东	98.48
65	兰州	甘肃	98.47
66	潍坊	山东	98.29
67	沧州	河北	98.18
68	中山	广东	98.06
69	包头	内蒙古	97.93
70	乌鲁木齐	新疆	97.86
71	唐山	河北	97.81
72	龙岩	福建	97.81
73	衢州	浙江	97.73
74	榆林	陕西	97.68
75	盐城	江苏	97.60
76	洛阳	河南	97.50
77	济宁	山东	97.27
78	淄博	山东	96.74

续表

指数排序	城市	所属省、区、市	综合指数
79	淮安	江苏	96.72
80	九江	江西	96.70
81	湛江	广东	96.66
82	保定	河北	96.57
83	常德	湖南	96.49
84	遵义	贵州	96.44
85	咸阳	陕西	96.31
86	延安	陕西	96.26
87	绵阳	四川	96.19
88	连云港	江苏	96.01
89	泰安	山东	95.97
90	柳州	广西	95.83
91	赣州	江西	95.76
92	衡阳	湖南	95.62
93	秦皇岛	河北	95.52
94	郴州	湖南	95.36
95	襄阳	湖北	95.31
96	南阳	河南	95.20
97	岳阳	湖南	95.10
98	临沂	山东	94.68
99	周口	河南	94.40
100	株洲	湖南	94.27

（二）中国品牌生态系统经济支撑力指数评价结果

指数排序	城市	所属省、区、市	经济支撑力指数
1	上海	上海	124.05
2	北京	北京	123.49
3	深圳	广东	119.52
4	广州	广东	117.81
5	苏州	江苏	114.49

指数排序	城市	所属省、区、市	经济支撑力指数
6	成都	四川	113.44
7	杭州	浙江	113.09
8	南京	江苏	112.58
9	重庆	重庆	112.33
10	武汉	湖北	112.24
11	长沙	湖南	110.47
12	郑州	河南	110.35
13	无锡	江苏	110.31
14	宁波	浙江	109.74
15	青岛	山东	109.02
16	厦门	福建	108.76
17	天津	天津	108.00
18	西安	陕西	107.87
19	珠海	广东	107.00
20	福州	福建	106.50
21	常州	江苏	106.50
22	合肥	安徽	106.41
23	济南	山东	105.80
24	佛山	广东	105.35
25	温州	浙江	105.17
26	昆明	云南	104.94
27	南通	江苏	104.54
28	贵阳	贵州	104.44
29	东莞	广东	104.39
30	嘉兴	浙江	104.20
31	大连	辽宁	103.87
32	绍兴	浙江	103.59
33	泉州	福建	103.53
34	沈阳	辽宁	103.05
35	烟台	山东	102.89
36	鄂尔多斯	内蒙古	102.69
37	金华	浙江	102.54
38	南昌	江西	102.38
39	扬州	江苏	102.20

指数排序	城市	所属省、区、市	经济支撑力指数
40	镇江	江苏	102.04
41	台州	浙江	101.71
42	湖州	浙江	101.08
43	乌鲁木齐	新疆	101.04
44	石家庄	河北	100.82
45	洛阳	河南	100.58
46	呼和浩特	内蒙古	100.55
47	太原	山西	100.47
48	海口	海南	100.34
49	泰州	江苏	100.31
50	徐州	江苏	100.30
51	唐山	河北	100.12
52	芜湖	安徽	99.95
53	宜昌	湖北	99.65
54	兰州	甘肃	99.63
55	遵义	贵州	99.50
56	哈尔滨	黑龙江	99.47
57	包头	内蒙古	99.37
58	南宁	广西	99.36
59	漳州	福建	98.94
60	衡阳	湖南	98.74
61	株洲	湖南	98.63
62	廊坊	河北	98.29
63	东营	山东	98.16
64	九江	江西	98.13
65	惠州	广东	97.93
66	岳阳	湖南	97.91
67	威海	山东	97.82
68	银川	宁夏	97.72
69	襄阳	湖北	97.70
70	湘潭	湖南	97.42
71	丽水	浙江	97.36
72	三明	福建	97.26
73	南阳	河南	97.23

指数排序	城市	所属省、区、市	经济支撑力指数
74	盐城	江苏	97.06
75	长春	吉林	96.89
76	桂林	广西	96.86
77	西宁	青海	96.48
78	秦皇岛	河北	96.42
79	淮安	江苏	96.40
80	龙岩	福建	96.34
81	潍坊	山东	96.16
82	榆林	陕西	96.12
83	大庆	黑龙江	96.03
84	赣州	江西	95.98
85	郴州	湖南	95.69
86	沧州	河北	95.45
87	江门	广东	95.43
88	淄博	山东	95.37
89	绵阳	四川	95.33
90	莆田	福建	94.79
91	衢州	浙江	94.60
92	新乡	河南	94.55
93	泰安	山东	94.24
94	济宁	山东	94.10
95	常德	湖南	93.99
96	邯郸	河北	93.88
97	连云港	江苏	93.82
98	临沂	山东	93.82
99	保定	河北	93.72
100	延安	陕西	93.28

（三）中国品牌生态系统环境支撑力指数评价结果

指数排序	城市	所属省、区、市	环境支撑力指数
1	广州	广东	105.27
2	北京	北京	104.18

续表

指数排序	城市	所属省、区、市	环境支撑力指数
3	深圳	广东	103.90
4	成都	四川	103.74
5	鄂尔多斯	内蒙古	103.71
6	漳州	福建	103.52
7	郴州	湖南	103.40
8	杭州	浙江	103.26
9	福州	福建	103.06
10	金华	浙江	103.01
11	合肥	安徽	102.74
12	上海	上海	102.71
13	赣州	江西	102.64
14	龙岩	福建	102.60
15	佛山	广东	102.59
16	延安	陕西	102.56
17	丽水	浙江	102.55
18	温州	浙江	102.51
19	苏州	江苏	102.44
20	贵阳	贵州	102.37
21	厦门	福建	102.23
22	三明	福建	102.18
23	桂林	广西	102.07
24	武汉	湖北	102.03
25	廊坊	河北	102.01
26	大连	辽宁	101.97
27	肇庆	广东	101.95
28	惠州	广东	101.94
29	南京	江苏	101.90
30	威海	山东	101.85
31	衢州	浙江	101.83
32	青岛	山东	101.78
33	海口	海南	101.78
34	昆明	云南	101.72
35	台州	浙江	101.71
36	东莞	广东	101.65

续表

指数排序	城市	所属省、区、市	环境支撑力指数
37	南通	江苏	101.63
38	遵义	贵州	101.62
39	芜湖	安徽	101.59
40	宁波	浙江	101.52
41	嘉兴	浙江	101.48
42	珠海	广东	101.46
43	岳阳	湖南	101.44
44	莆田	福建	101.40
45	绍兴	浙江	101.34
46	湖州	浙江	101.33
47	重庆	重庆	101.14
48	长春	吉林	101.01
49	盐城	江苏	101.00
50	秦皇岛	河北	101.00
51	西宁	青海	100.91
52	常德	湖南	100.90
53	扬州	江苏	100.82
54	南阳	河南	100.79
55	沈阳	辽宁	100.74
56	湘潭	湖南	100.67
57	烟台	山东	100.61
58	洛阳	河南	100.58
59	宿迁	江苏	100.57
60	潍坊	山东	100.54
61	新乡	河南	100.51
62	宜昌	湖北	100.46
63	株洲	湖南	100.45
64	许昌	河南	100.44
65	泰州	江苏	100.40
66	银川	宁夏	100.34
67	徐州	江苏	100.29
68	镇江	江苏	100.21
69	临沂	山东	100.21
70	常州	江苏	100.19

续表

指数排序	城市	所属省、区、市	环境支撑力指数
71	绵阳	四川	100.15
72	天津	天津	100.12
73	中山	广东	100.09
74	吉林	吉林	100.08
75	济宁	山东	100.08
76	东营	山东	100.00
77	郑州	河南	99.97
78	周口	河南	99.89
79	连云港	江苏	99.84
80	咸阳	陕西	99.79
81	哈尔滨	黑龙江	99.70
82	长沙	湖南	99.62
83	唐山	河北	99.42
84	淮安	江苏	99.36
85	西安	陕西	99.24
86	衡阳	湖南	98.95
87	兰州	甘肃	98.89
88	济南	山东	98.70
89	淄博	山东	98.69
90	沧州	河北	98.55
91	石家庄	河北	98.48
92	泰安	山东	98.45
93	九江	江西	98.41
94	泉州	福建	98.37
95	茂名	广东	98.21
96	江门	广东	97.65
97	南宁	广西	97.46
98	南昌	江西	97.27
99	无锡	江苏	97.13
100	柳州	广西	95.83

（四）中国品牌生态系统消费支撑力指数评价结果

指数排序	城市	所属省、区、市	消费支撑力指数
1	北京	北京	120.93
2	上海	上海	118.55
3	金华	浙江	118.48
4	嘉兴	浙江	118.04
5	苏州	江苏	117.70
6	广州	广东	117.66
7	温州	浙江	116.53
8	杭州	浙江	116.18
9	深圳	广东	115.14
10	无锡	江苏	114.36
11	长沙	湖南	114.07
12	成都	四川	113.46
13	南京	江苏	113.38
14	台州	浙江	112.82
15	福州	福建	112.16
16	宁波	浙江	111.89
17	厦门	福建	111.66
18	丽水	浙江	111.25
19	珠海	广东	110.97
20	佛山	广东	110.66
21	东莞	广东	110.64
22	鄂尔多斯	内蒙古	110.33
23	湖州	浙江	110.25
24	绍兴	浙江	110.00
25	武汉	湖北	109.45
26	沧州	河北	108.69
27	青岛	山东	108.63
28	三明	福建	108.43
29	大连	辽宁	108.20
30	漳州	福建	107.95
31	合肥	安徽	107.84

续表

指数排序	城市	所属省、区、市	消费支撑力指数
32	重庆	重庆	107.67
33	济南	山东	106.42
34	常州	江苏	106.24
35	沈阳	辽宁	106.11
36	呼和浩特	内蒙古	105.96
37	郑州	河南	105.57
38	昆明	云南	105.52
39	西安	陕西	104.91
40	廊坊	河北	104.21
41	镇江	江苏	104.19
42	泉州	福建	103.87
43	天津	天津	103.52
44	南通	江苏	103.49
45	南昌	江西	103.42
46	烟台	山东	103.08
47	衢州	浙江	102.93
48	咸阳	陕西	102.59
49	哈尔滨	黑龙江	102.41
50	衡阳	湖南	101.92
51	长春	吉林	101.14
52	常德	湖南	100.62
53	兰州	甘肃	100.60
54	中山	广东	100.47
55	湘潭	湖南	100.19
56	泰州	江苏	100.03
57	郴州	湖南	99.85
58	扬州	江苏	99.47
59	江门	广东	99.42
60	岳阳	湖南	99.40
61	周口	河南	99.25
62	潍坊	山东	99.14
63	海口	海南	99.02
64	惠州	广东	99.00

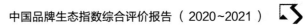

续表

指数排序	城市	所属省、区、市	消费支撑力指数
65	唐山	河北	98.96
66	淄博	山东	98.54
67	东营	山东	98.42
68	威海	山东	98.26
69	石家庄	河北	98.10
70	株洲	湖南	97.39
71	洛阳	河南	97.23
72	南宁	广西	96.49
73	太原	山西	96.39
74	秦皇岛	河北	96.16
75	龙岩	福建	96.15
76	盐城	江苏	96.15
77	宜昌	湖北	95.93
78	桂林	广西	95.81
79	银川	宁夏	95.60
80	济宁	山东	95.56
81	大庆	黑龙江	95.18
82	湛江	广东	94.77
83	九江	江西	94.73
84	徐州	江苏	94.72
85	保定	河北	94.59
86	包头	内蒙古	94.30
87	芜湖	安徽	93.56
88	滨州	山东	93.49
89	柳州	广西	93.47
90	贵阳	贵州	93.15
91	泰安	山东	92.56
92	乌鲁木齐	新疆	91.58
93	延安	陕西	91.55
94	绵阳	四川	91.50
95	赣州	江西	91.49
96	莆田	福建	91.36
97	南阳	河南	90.90

续表

指数排序	城市	所属省、区、市	消费支撑指数
98	襄阳	湖北	90.90
99	遵义	贵州	90.44
100	榆林	陕西	89.96

（五）中国品牌生态系统市场支撑力指数评价结果

指数排序	城市	所属省、区、市	市场支撑力指数
1	上海	上海	134.04
2	北京	北京	129.21
3	广州	广东	123.84
4	成都	四川	123.69
5	重庆	重庆	117.18
6	宁波	浙江	116.30
7	苏州	江苏	115.40
8	惠州	广东	115.29
9	南京	江苏	115.19
10	天津	天津	113.78
11	温州	浙江	113.51
12	无锡	江苏	113.37
13	武汉	湖北	112.68
14	厦门	福建	112.02
15	杭州	浙江	111.60
16	泉州	福建	111.55
17	合肥	安徽	111.26
18	东莞	广东	110.17
19	鄂尔多斯	内蒙古	109.85
20	大连	辽宁	109.25
21	西安	陕西	108.97
22	珠海	广东	108.63
23	呼和浩特	内蒙古	108.51
24	乌鲁木齐	新疆	108.25

指数排序	城市	所属省、区、市	市场支撑力指数
25	沈阳	辽宁	108.12
26	青岛	山东	107.50
27	佛山	广东	107.14
28	嘉兴	浙江	107.05
29	宜昌	湖北	106.89
30	南昌	江西	106.28
31	桂林	广西	105.87
32	昆明	云南	105.62
33	南宁	广西	105.45
34	济南	山东	105.19
35	绍兴	浙江	105.14
36	深圳	广东	105.10
37	东营	山东	104.85
38	郑州	河南	104.55
39	常州	江苏	103.97
40	长沙	湖南	103.92
41	福州	福建	103.87
42	三明	福建	103.82
43	烟台	山东	103.58
44	贵阳	贵州	103.44
45	海口	海南	103.43
46	石家庄	河北	102.98
47	太原	山西	102.86
48	江门	广东	102.76
49	长春	吉林	102.46
50	湛江	广东	102.40
51	襄阳	湖北	102.30
52	泰州	江苏	102.21
53	漳州	福建	102.03
54	银川	宁夏	101.65
55	哈尔滨	黑龙江	101.45
56	连云港	江苏	100.54
57	兰州	甘肃	100.52
58	南通	江苏	100.47

续表

指数排序	城市	所属省、区、市	市场支撑力指数
59	淮安	江苏	100.19
60	徐州	江苏	99.92
61	宝鸡	陕西	99.60
62	芜湖	安徽	99.54
63	金华	浙江	99.20
64	湘潭	湖南	99.12
65	宿迁	江苏	98.89
66	扬州	江苏	98.78
67	日照	山东	98.72
68	潍坊	山东	98.01
69	威海	山东	97.97
70	常德	湖南	97.42
71	保定	河北	97.04
72	包头	内蒙古	96.89
73	湖州	浙江	96.88
74	柳州	广西	96.42
75	泰安	山东	96.00
76	镇江	江苏	95.95
77	绵阳	四川	95.76
78	临沂	山东	95.62
79	济宁	山东	95.55
80	中山	广东	95.41
81	龙岩	福建	95.19
82	秦皇岛	河北	94.91
83	枣庄	山东	94.65
84	唐山	河北	94.50
85	九江	江西	94.13
86	周口	河南	93.91
87	盐城	江苏	93.41
88	榆林	陕西	93.37
89	大同	山西	93.26
90	沧州	河北	92.64
91	台州	浙江	92.58
92	廊坊	河北	92.12

续表

指数排序	城市	所属省、区、市	市场支撑力指数
93	丽水	浙江	91.87
94	聊城	山东	91.53
95	茂名	广东	90.78
96	遵义	贵州	90.70
97	许昌	河南	90.51
98	新乡	河南	90.49
99	延安	陕西	89.84
100	衢州	浙江	89.72

（六）中国品牌生态系统产业支撑力指数评价结果

指数排序	城市	所属省、区、市	产业支撑力指数
1	深圳	广东	119.85
2	上海	上海	119.16
3	北京	北京	117.18
4	苏州	江苏	115.57
5	佛山	广东	114.50
6	宁波	浙江	113.75
7	杭州	浙江	112.71
8	成都	四川	110.99
9	泉州	福建	110.25
10	青岛	山东	110.17
11	武汉	湖北	110.17
12	东莞	广东	109.97
13	大连	辽宁	109.92
14	天津	天津	109.78
15	湖州	浙江	109.23
16	无锡	江苏	108.82
17	郑州	河南	108.73
18	广州	广东	108.58
19	珠海	广东	108.19

续表

指数排序	城市	所属省、区、市	产业支撑力指数
20	重庆	重庆	107.98
21	福州	福建	107.92
22	榆林	陕西	107.53
23	南京	江苏	107.40
24	绍兴	浙江	107.40
25	鄂尔多斯	内蒙古	106.67
26	济南	山东	106.10
27	嘉兴	浙江	105.51
28	常州	江苏	104.70
29	芜湖	安徽	104.55
30	齐齐哈尔	黑龙江	104.41
31	石家庄	河北	104.35
32	盐城	江苏	104.24
33	台州	浙江	104.11
34	长春	吉林	103.72
35	江门	广东	103.64
36	南通	江苏	103.58
37	湘潭	湖南	103.39
38	温州	浙江	103.28
39	中山	广东	102.82
40	桂林	广西	102.53
41	绵阳	四川	102.42
42	厦门	福建	102.33
43	西安	陕西	102.18
44	烟台	山东	102.06
45	株洲	湖南	101.99
46	沈阳	辽宁	101.83
47	呼和浩特	内蒙古	101.80
48	湛江	广东	101.78
49	合肥	安徽	101.56
50	龙岩	福建	101.22
51	连云港	江苏	101.11
52	海口	海南	100.52
53	漳州	福建	100.48

续表

指数排序	城市	所属省、区、市	产业支撑力指数
54	茂名	广东	100.46
55	威海	山东	100.19
56	惠州	广东	99.78
57	镇江	江苏	99.54
58	唐山	河北	99.51
59	昆明	云南	99.42
60	咸阳	陕西	99.27
61	潍坊	山东	99.21
62	长沙	湖南	99.20
63	哈尔滨	黑龙江	99.16
64	南宁	广西	98.88
65	泰州	江苏	98.67
66	贵阳	贵州	98.64
67	南昌	江西	98.50
68	扬州	江苏	98.45
69	徐州	江苏	98.42
70	银川	宁夏	98.06
71	淄博	山东	97.96
72	吉林	吉林	97.94
73	太原	山西	97.79
74	乌鲁木齐	新疆	97.56
75	大庆	黑龙江	97.27
76	宜昌	湖北	97.26
77	九江	江西	97.17
78	襄阳	湖北	97.13
79	衢州	浙江	97.01
80	临沂	山东	96.96
81	济宁	山东	96.93
82	洛阳	河南	96.65
83	东营	山东	96.42
84	日照	山东	96.32
85	包头	内蒙古	96.28
86	廊坊	河北	96.06
87	淮安	江苏	96.00

续表

指数排序	城市	所属省、区、市	产业支撑力指数
88	肇庆	广东	95.69
89	保定	河北	95.51
90	莆田	福建	95.47
91	兰州	甘肃	95.44
92	宿迁	江苏	95.33
93	赣州	江西	95.21
94	延安	陕西	95.16
95	柳州	广西	95.07
96	三明	福建	94.90
97	丽水	浙江	94.78
98	沧州	河北	94.64
99	常德	湖南	94.61
100	德州	山东	93.83

（七）中国品牌生态系统文化支撑力指数评价结果

指数排序	城市	所属省、区、市	文化支撑力指数
1	北京	北京	114.88
2	上海	上海	110.09
3	苏州	江苏	109.76
4	成都	四川	109.39
5	南京	江苏	109.27
6	西安	陕西	108.74
7	温州	浙江	108.66
8	长沙	湖南	108.40
9	金华	浙江	107.65
10	福州	福建	107.54
11	广州	广东	107.48
12	嘉兴	浙江	107.40
13	杭州	浙江	107.09
14	沈阳	辽宁	107.06

续表

指数排序	城市	所属省、区、市	文化支撑力指数
15	重庆	重庆	106.16
16	深圳	广东	105.77
17	武汉	湖北	105.36
18	延安	陕西	105.15
19	呼和浩特	内蒙古	104.99
20	榆林	陕西	104.88
21	漳州	福建	104.74
22	泉州	福建	104.73
23	济南	山东	104.59
24	绍兴	浙江	104.58
25	三明	福建	104.30
26	宁波	浙江	104.27
27	包头	内蒙古	104.26
28	赣州	江西	104.15
29	镇江	江苏	103.96
30	南阳	河南	103.94
31	天津	天津	103.92
32	无锡	江苏	103.86
33	南昌	江西	103.82
34	银川	宁夏	103.63
35	徐州	江苏	103.49
36	桂林	广西	103.44
37	遵义	贵州	103.41
38	太原	山西	103.37
39	齐齐哈尔	黑龙江	103.03
40	保定	河北	102.95
41	扬州	江苏	102.88
42	郑州	河南	102.77
43	鄂尔多斯	内蒙古	102.69
44	哈尔滨	黑龙江	102.57
45	洛阳	河南	102.45
46	咸阳	陕西	102.44
47	烟台	山东	102.36
48	昆明	云南	102.30

续表

指数排序	城市	所属省、区、市	文化支撑力指数
49	湖州	浙江	102.08
50	海口	海南	102.03
51	合肥	安徽	101.69
52	济宁	山东	101.67
53	邯郸	河北	101.67
54	丽水	浙江	101.48
55	青岛	山东	101.47
56	肇庆	广东	101.17
57	衢州	浙江	101.16
58	佛山	广东	101.15
59	中山	广东	101.01
60	常州	江苏	100.99
61	聊城	山东	100.75
62	淄博	山东	100.71
63	泰安	山东	100.59
64	廊坊	河北	100.49
65	惠州	广东	100.44
66	南通	江苏	100.35
67	淮安	江苏	100.24
68	柳州	广西	100.22
69	台州	浙江	100.00
70	泰州	江苏	99.95
71	沧州	河北	99.95
72	岳阳	湖南	99.66
73	大同	山西	98.68
74	吉林	吉林	98.39
75	东莞	广东	98.11
76	九江	江西	97.39
77	厦门	福建	97.39
78	郴州	湖南	97.22
79	石家庄	河北	97.20
80	潍坊	山东	97.15
81	贵阳	贵州	96.85
82	新乡	河南	96.67

续表

指数排序	城市	所属省、区、市	文化支撑力指数
83	南宁	广西	96.31
84	威海	山东	95.96
85	江门	广东	95.94
86	龙岩	福建	95.90
87	长春	吉林	95.64
88	茂名	广东	95.50
89	兰州	甘肃	95.47
90	周口	河南	95.41
91	德州	山东	95.35
92	衡阳	湖南	95.35
93	大连	辽宁	95.22
94	芜湖	安徽	94.69
95	湛江	广东	94.61
96	盐城	江苏	94.57
97	唐山	河北	94.43
98	湘潭	湖南	94.28
99	秦皇岛	河北	93.65
100	西宁	青海	93.58

参考文献

［1］国家统计局城市社会经济调查司《中国城市统计年鉴（2019）》。

［2］相关城市统计年鉴数据。

重点行业品牌质量安全报告

The Quality and Safety Report of Key Industry Brands

B.9

我国粮食及其制品品牌质量
安全风险分析[*]

张 健　张海航　陈进东[**]

摘　要： 粮食质量安全检验检测是保证我国基础食品行业安全的基本工作，全面推进粮食质量安全检验检测体系建设，建立健全我国粮食及其制品产业的监督监管制度，是"十四五"规划纲要提出的重要内容。本报告以 2018～2020 年国家质量监管总局及国家31 个省、自治区及直辖市质量监管局所发布的食品质量监管报告为数据源，统计分析我国食品行业中粮食及其制品的产品质量现状；揭示粮食及其制品产品质量安全风险，结合食品行业的突出问题分析粮食及其制品的抽检不合格原因并提出建议，促进粮

---

* 本报告为国家重点研发计划项目"面向中小微企业的综合质量服务技术研发与应用"（项目编号：2019YFB1405300）的阶段性成果之一。

** 张健，北京信息科技大学，绿色发展大数据决策北京市重点实验室，教授，科技处处长；张海航，北京信息科技大学，硕士研究生；陈进东，北京信息科技大学，智能决策与大数据应用北京市国际科技合作基地，研究员。

食及其制品产品质量提升。研究表明，我国粮食及其制品产业发展态势良好，部分存在的安全风险能够通过建立健全相关监督检查制度得以解决，我国应全面制定粮食产业监督检查政策，释放粮食产业整体经济活力。

关键词： 食品行业　粮食及其制品　安全风险

一　总体情况介绍

"十四五"规划纲要提出坚决扛稳国家粮食安全重任，加快粮食产业高质量发展，牢牢把握住我国粮食安全自主权，大力推进粮食生产、储备和流通能力建设，加快构建更高层次、更高质量、更高效率、更可持续的国家粮食和物资储备安全保障体系。对食品质量安全的分析和风险形成的原因识别有助于国家监管部门对行业整体发展趋势及安全风险进行综合把控。随着社会的发展，我国的粮食安全已经从数量安全转变提升到了质量安全，从"吃得饱"向"吃得好、吃得健康、吃得营养"方向发展。粮食质量安全关系到社会的安定与经济的稳定，因此，必须重视粮食质量安全问题，加强粮食市场的质量监管，保障粮食的质量安全，把好国民餐桌安全关。

2020 年国家统计局发布的数据显示，我国 2020 年粮食总产量为 13390 亿斤，比上年增加了 113 亿斤，增长了 0.9%，我国粮食产业生产实现了"十七连丰"，成为世界第一产粮国。粮食及其制品产业中，主要包含小麦粉、大米、挂面、豆类等其他一系列粮食加工品（谷物加工品、玉米粉等），其总体构成较为复杂，监督监管难度较大，其作为我国食品行业中的根本产业，是我国食品行业整体稳定、稳固发展、推行现代化食品工业体系建设的基石。

21 世纪以来，我国粮食及其制品产业中出现了诸多的安全风险问题，从某品牌汤圆吃出创可贴事件到某款方便面被监测出酸价超标，再到某国的

一款方便面检测出致癌物超标等一系列粮食制品安全风险问题，无一不暴露出我国粮食及其制品产业生产、存储、运输过程中存在的诸多安全风险问题。本报告通过对粮食及其制品产业数据进行地域、时域及高发问题统计与分析，总结了产业内部现存的问题及安全风险，为提高消费者安全风险意识提供参考，并对产业今后的发展提出相应建议。

二 品牌质量抽检通报的统计分析

本报告基于2018~2020年国家质量监管总局所发布的食品质量抽检报告，分析国家整体粮食及其制品状况；基于全国31个省、自治区及直辖市质量监管局食品抽检报告，分析地区粮食及其制品质量状况。

（一）品牌抽检数量及不合格率统计分析

为统计我国粮食及其制品产业整体抽检情况，并对各年度抽检数量及合格率情况进行统计分析，本报告选取国家质量监管总局所发布的食品行业抽检报告，对其中涉及粮食及其制品产业的数据进行整理，得出我国粮食及其制品产业抽检状况及不合格频率（见表1）。

表1　粮食及其制品抽检状况及不合格频率统计

时间	抽检总数（件）	合格数量（件）	不合格数量（件）	整体合格率（%）
2018年	173500	171380	2120	98.78
2019年	250644	248168	2476	99.01
2020年	339917	335891	4026	98.82

通过分析表1可以发现，2018~2020年，我国粮食及其制品产业整体抽检总数呈明显上升趋势，在抽检总数显著上升的基础上，产业整体合格率稳定在99%左右。"十四五"规划纲要实施以来，在国家大力倡导食品行业机构化改革以及内部产业转型升级的背景下，国家监管部门对于粮食制品产业重视程度正在逐渐提高，2018~2020年抽检总数呈现逐年上升趋势且整体合

格率均保持高标准的稳定，这表明在国家倡导提高食品安全的背景下，相关部门正在逐渐提高产业安全监督力度。

（二）品牌数据时域统计分析

为探究产业内部问题并对问题进行时域分析，将 2018～2020 年全国粮食及其制品产业抽检数据以半年为节点进行数据细化统计，得出粮食及其制品产业细化数据（见图 1）。

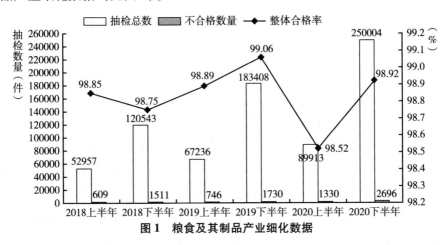

图 1 粮食及其制品产业细化数据

基于时域数据进行分析，能够发现我国各年度上半年抽检数量明显低于下半年数量，虽然抽检总数不一致，且合格率出现上下浮动状况，但三年整体合格率均维持在 98.80% 左右，处于较高水平。2018 年、2019 年我国粮食及其制品整体合格率较高，但 2020 年全年在抽检数量显著提升的基础上，产业整体合格率较 2019 年有所下降，原因可能是 2020 年气候因素影响，我国南部地区洪涝灾害频繁，导致粮食作物问题较为突出。

2018 年上半年粮食及其制品抽检数量为 52957 件，其中不合格数量为 609 件，整体合格率维持在 98.85%；2018 年下半年抽检总数为 120543 件，其中抽检不合格数量为 1511 件，整体合格率为 98.75%。综合 2018 年全年情况，产业整体处于三年合格率中位数 98.80% 左右，处于较高水平，但由于全年抽检基数较低，可能存在部分问题产品漏检情况。

2019 年上半年粮食及其制品抽检数量为 67236 件，其中不合格数量为 746 件，整体合格率维持在 98.89%，较上年同期提高 0.04 个百分点；2019 年下半年抽检总数为 183408 件，其中不合格数量为 1730 件，整体合格率为 99.06%，较上年同期提高 0.31 个百分点，达到三年最高值。综合 2019 年全年抽检情况，抽检数量及整体合格率较上年均有所提升，且下半年合格率达到 2018~2020 年最高值。

2020 年上半年粮食及其制品抽检数量为 89913 件，其中不合格数量为 1330 件，整体合格率维持在 98.52%，较上年同期下降 0.37 个百分点，处于三年最低值；2020 年下半年抽检总数为 250004 件，其中不合格数量为 2696 件，整体合格率为 98.92%，较上年同期降低 0.14 个百分点。

（三）品牌质量安全数据地域统计分析

为探求我国各省区市粮食及其制品状况并对产业问题进行分析，本文以我国 31 个省、自治区及直辖市（台湾省、香港特别行政区、澳门特别行政区由于整体数据缺失，故未统计在内）2018~2020 年质量监督管理局所发布的食品行业质量抽检报告为数据来源，对其中涉及粮食及其制品的数据进行整理统计，计算各省区市三年产业平均不合格率，统计得出我国粮食及其制品产业各省区市抽检不合格率（见图 2）。

综合 2018~2020 年我国粮食及其制品全国各省区市不合格率统计数据，发现各地区产业不合格率整体在 0.04%~1.43%，计算粮食及其制品产业平均不合格率为 0.59%，其中广西壮族自治区、海南省、西藏自治区、新疆维吾尔自治区四个地区不合格率超出平均值较高，分别为 0.55、0.77、0.84、0.47 个百分点。

基于地域数据进行分析，能够发现我国各省区市粮食及其制品整体不合格率维持在 2% 以下，处于较低水平。其中上海市三年平均不合格率为 0.04%，远低于整体平均数，这表明地区产业管理者及相关从业者保有较高从业标准，对产业中所出现的主要问题有较强的预见性与改进性，能够为产业的整体整改引领方向。

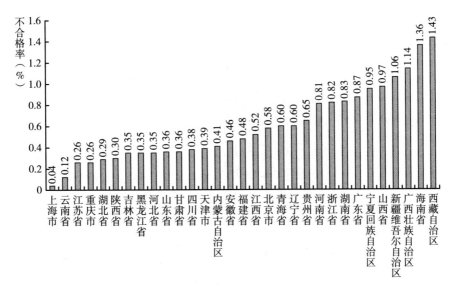

图 2　2018~2020 年我国粮食及其制品产业各省、区、市不合格率统计

资料来源：原国家质量监管总局粮食及其制品行业抽检报告。

（四）品牌质量风险问题统计

食品产品不合格问题能够体现出食品行业中所存在的具体问题，对抽检产品不合格项目进行整理与统计能够更清晰地了解我国粮食及其制品现存安全风险，并进行专项改进。通过对国家质量监管总局及各省区市质量监管局所发布的食品行业监管报告中涉及粮食及其制品不合格产品所出现的风险问题进行统计，发现所涉及的安全风险主要集中在农药残留超标、微生物污染、重金属含量超标、食品添加剂含量超标等几个方面，通过对风险问题出现频率进行统计得出我国粮食及其制品问题频率图（见图3）。

2018~2020 年我国粮食及其制品安全风险问题主要集中在农药残留超标、食品添加剂含量超标、微生物污染、重金属含量超标等方面，三年中问题出现频率分别为28.49%、23.78%、20.31%、18.61%，其中主要问题为农药残留超标及食品添加剂含量超标等。对高发安全风险问题进行分析能够减小安全问题发生概率，保证公共安全健康，推动产业发展。

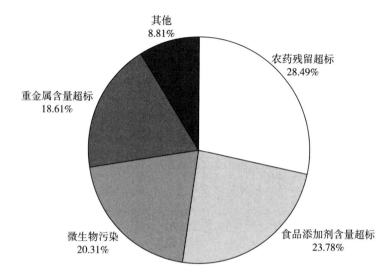

图3 我国粮食及其制品产业问题频率

资料来源：原国家质量监管总局粮食及其制品行业抽检报告。

三 品牌安全风险分析

综合我国2018~2020年粮食及其制品统计数据，能够发现我国粮食及其制品安全风险主要集中在农药残留超标、食品添加剂含量超标、微生物污染、重金属含量超标等方面（见表2）。

表2 我国粮食及其制品安全风险存在的主要问题

主要项目	风险要点
农药残留超标	农药残留超标是指在粮食及其制品产品中，所检测出的农药分子含量超过国家标准。现行 GB 2763-2019《食品安全国家标准 食品中农药最大残留限量》中规定，所监测的食品制品中各农药分子含量需小于标准规定范围。粮食及其制品产业中，需保持农药残留量控制，长期食用农药含量超标食品，会对人体健康产生影响

主要项目	风险要点
食品添加剂含量超标	食品添加剂含量超标是指,对于国家规定允许合成并使用的食品添加成分,其监测含量超出常规标准。现行 GB 2760-2014《食品安全国家标准 食品添加剂使用标准》中规定,食品制品中所监测出的食品添加剂应为国家规定能够合成且其监测分子含量应小于标准规定额度且保持单位质量内合理计量范围。食品添加剂作为食品行业特有问题,需加强控制力度,长期食用食品添加剂过量食品可能会引起头痛、恶心、呕吐,严重时可能会导致肝脏损伤、骨骼及关节提前脆变等风险
微生物污染	微生物污染问题是指,对于粮食及其制品产业中所涉及的产品,其单位检测范围内所含菌落数量超出标准范围。现行 GB 4789-2020《食品安全国家标准 食品微生物学检验》中规定,待检测样品中,各菌落含量应控制在额定范围以内,超过额定菌落数值产品应禁止上市。长期食用微生物污染产品可能导致人体新陈代谢紊乱,受严重污染的产品可能会导致食物中毒甚至造成生命危险
重金属含量超标	重金属含量超标是指所检测食品产品中铁、铅、汞等金属元素超出食品食用范围,现行 GB 2762-2017《食品安全国家标准 食品中污染物限量》中规定,食品产品中重金属含量应控制在标准规定的额定范围以下,且应尽可能为零。长期食用重金属含量超标食物会导致贫血、食欲减退、免疫力降低等风险,过量食用甚至会导致代谢紊乱、脏器衰竭等严重风险

四 原因分析及建议

(一)原因分析

综合产业所暴露出的高频风险问题能够发现,各类别风险问题存在产生原因,对于风险问题进行细节把控能够有效地对其进行遏制并解决,推动产业安全风险最小化,把控行业整体发展。通过对产业安全风险进行统计,分析其产生原因如下。

1. 农药残留超标问题是食品行业独有的问题,粮食种植过程中,生产者使用农药可保有较高的产量,而对于使用量的控制以及对于下游产品的

影响可能是其未曾考虑的问题，所以导致了产业整体农药残留超标问题的发生。

2. 食品添加剂含量超标问题是产业生产及销售方希望通过使用添加剂改善口感，增加产品销量，但在产品生产加工过程中，为获得更高的利润，生产方往往违背初衷，对于添加剂进行过量使用，导致产品抽检结果中食品添加剂含量超标。

3. 微生物污染问题主要存在于食品的后期加工以及销售时的存储过程中，所检测出的问题产品中普遍存在例如菌落数量超标、大肠杆菌超标等一系列微生物污染问题，究其原因是产品生产及存储环境存在卫生问题，导致产品出产后内部微生物含量超过标准。

4. 重金属污染问题的产生涉及的产业链较为复杂，粮食及其制品从生产、加工、运输直至售卖过程中，其卫生安全情况与重金属污染问题的产生息息相关，除此之外，土壤中重金属污染同样会对粮食产品重金属含量有所影响。

（二）综合建议

通过结合安全风险问题产生的原因，总结与整理对行业安全风险的管控建议，能够从本质上给予相关部门改进发展的方向。

农药残留超标问题主要是下游产品生产者安全风险意识不足所导致的，相关部门应加强粮食作物培育过程中农药喷洒计量的监督，加强产业基层农民对于农药的基本认识，从根本上减缓、抑制农药超标问题。

食品添加剂作为食品生产中重要的一环，其存在必不可少，适量的添加剂能够增加食品的销售，合理规范的使用添加剂应该是所有食品生产者必须保有的基本底线，地方相关部门应对食品生产厂商的基本行为做底线要求，食品添加剂固然重要，但因为其所引发的国家食品行业健康问题是不容小视的，所以相关部门应从问题出现的源头进行遏制，保证行业向健康正常的方向发展。

微生物污染问题。合理卫生的运输及售卖环境是食品产业相较于其他产业的特殊之处，粮食及其制品产业作为最基本的食品产业，有关部门应着力加强产业中食品运输、售卖过程的卫生问题管理，对于商家所出售的食品商品要做到能检尽检，保证商品流入消费者手中时保有其基本的质量标准，除此之外，对于食品生产环节也要严格把关，确保整个过程中的卫生，通过对每个环节加大监管力度来提高整体的综合质量。

重金属含量超标问题。重金属含量超标问题所涉及的方面较为广泛：产品生产原材料的选取、加工过程中的卫生情况、产品整体售卖环境以及售卖过程中所使用的添加剂。相关部门应把握住该过程中的每个环节，确保对各个环节的检查与把控，提高整体产业的安全质量。

参考文献

[1] 刘文妮、刘亮亮、郑震君等：《关于粮食质量安全检验检测队伍建设的几点思考》，《粮油食品科技》2021年第29（3）期，第170~176页。

[2] 金泽：《浅谈当前粮食质量安全》，《现代农业》2021年第1期，第77~78页．DOI：10.3969/j.issn.1008-0708.2021.01.039

[3] 阎伟：《粮食质量安全检测发展方向的研究》，《食品安全导刊》2021年第9期，第56~57页。

[4] 丁玲、陈龙：《着力推进粮食产业高质量发展》，《安徽日报》2021年4月6（006）日。

[5] 陈永高、李南、张铭钰、王筱婷、阮士龙：《加强粮食质检体系建设切实保障粮食质量安全》，《食品安全导刊》2021年第Z2期，第56~57页。

[6] 孙丽娟、韩国、胡贤巧：《我国主要粮食产品质量标准问题分析》，《农产品质量与安全》2016年第2期，第38~44页。

[7] 姚惠源：《我国粮食加工行业供给侧结构性改革的战略思考》，《粮食与食品工业》2017年第24（01）期，第1~2+7页。

B.10

我国鞋类品牌质量安全风险分析[*]

王莹 张佳敏 陈进东[**]

摘　要： 基于近些年国家以及地方的监督抽查情况，本报告总结了产品质量抽查过程中出现的主要不合格项目，重点分析了产品不合格导致的可能发生的质量安全风险，并深入分析了出现产品不合格的原因，从相关职能部门、生产企业以及消费者角度提出质量安全风险的应对措施，从而促进鞋类产品整体质量的提升，保障消费者的健康及权益。

关键词： 鞋类产品　产品质量监督　质量安全风险

一　总体情况介绍

（一）行业总体情况

我国是全球鞋类产品生产和出口量最多的国家，鞋类产量占全世界的55.5%，拥有制鞋企业共计约13.4万家，从事鞋类相关职业的人员达220多万人，参与企业数量全国排名第一的是浙江省。[①] 到目前为止，我国主

---

　*　本报告为国家重点研发计划项目"面向中小微企业的综合质量服务技术研发与应用"（项目编号：2019YFB1405300）的阶段性成果之一。

　**　王莹，北京信息科技大学经济管理学院，副教授；张佳敏，北京信息科技大学经济管理学院，硕士研究生；陈进东，北京信息科技大学智能决策与大数据应用北京市国际科技合作基地，研究员。

　①　卢江海：《全国鞋类产品执行标准公开现状分析》，《质量技术监督研究》2021年第2期。

要有四个鞋类生产基地，一是广东鞋业生产基地，它是集生产、制造、设计、研发、采集贸易、人才资讯为一体的集散中心，具有较强的研发和技术优势；二是以泉州、晋江等地为代表的福建鞋业生产基地，其主要生产旅游运动鞋；三是成都、重庆鞋业生产基地，其主打女鞋；四是温州鞋业基地，其主要生产皮鞋、休闲鞋等，而且温州整个制鞋的产业链较为完善，是中国最具竞争力的鞋革生产、出口基地之一，有"中国鞋都"的美称①。

（二）发展前景和趋势

传统的制鞋企业研发设计上缺乏竞争力，产品趋于同质化；生产水平不高，导致产品缺陷问题严重；再加上近年来环保压力的增大，制鞋成本的上涨，导致制鞋企业的盈利空间更为狭窄，不少企业为了获得更多利润而在质量上偷工减料。以上问题催生出以现代技术为支撑的鞋类数字化设计，通过引入智能化生产设备和工艺，优化传统生产制造过程，减少资源浪费，从而降低成本，从根本上提升了鞋类产品质量；现如今已经进入信息化时代，鞋类生产企业逐渐重视大数据的价值，如建立消费者需求大数据，通过了解消费者的购鞋意愿以及风格款式和质量方面的需求，来指导研发与生产已成为不可逆转的趋势。

（三）鞋类产品相关标准

在我国现有鞋类产品的国家标准中，有 16 项强制性国家标准，154 项推荐性国家标准，其中强制性国家标准大多是针对特殊种类鞋的具体规定，如：儿童鞋、田径运动鞋、安全鞋、电绝缘鞋、防护鞋等。目前儿童鞋的强制性国家标准主要有 GB 30585-2014《儿童鞋安全技术规范》、GB 25036-2010《布面童胶鞋》等，该标准从设计安全、制作安全、异味控制和限量物质安全四个方面提出了明确要求。推荐性国家标

---

① 卢江海：《全国鞋类产品执行标准公开现状分析》，《质量技术监督研究》2021 年第 2 期。

准有 GB/T 22756-2017《皮凉鞋》、GB/T 15107-2013《旅游鞋》、GB/T 28011-2011《鞋类钢勾心》、GB/T 3903.31-2008《鞋类 内底试验方法 耐磨性能》、GB/T 3903.6-2017《鞋类 整鞋试验方法 防滑性能》、GB/T 3903.1-2017《鞋类整鞋试验方法耐折性能》等①，更多集中于对鞋类产品所含化学限量物质以及物理机械安全性能的规定。化学限量物质主要包括甲醛、重金属以及邻苯二甲酸酯等有害物质。物理机械安全性能的技术要求主要包括勾心纵向刚度、硬度帮面剥离强度、抗疲劳性、防滑性能等。另外这些推荐性国家标准在耐摩擦色牢度、耐折性能、耐磨性能等方面均有要求，在保证鞋类产品的化学安全、物理安全的同时，使其更加耐穿。

二 鞋类品牌监管现状

（一）数据收集情况

本报告从国家及各地方的市场监督局网站、中国质量新闻网以及中国消费网上获取 2016 年至 2021 年上半年公开发布的鞋类产品质量抽查报告中，提取了标题、日期、链接、通告、附件等内容，根据通告和附件内容整理不合格项目所采用的相关标准等并计算所抽查批次的合格率。

（二）鞋类产品品牌质量召回事件

近年来鞋类产品召回事件频发，直接对消费者和生产企业造成了一定的经济损失，2019 年，欧盟共发布我国输出鞋类产品召回事件 9 起，其中 5 起主要原因是童鞋附件易脱落，容易造成窒息，另外四起是皮革面料中六价铬有毒有害物质超标。2019 年我国国内发生了 43 起召回事

---

① Zhang Weijuan. The standard tells you-children's shoes are not a replica of adult shoes ［J］. Standard Life, 2016, （05）: 19-21. 张伟娟:《标准告诉你——儿童鞋不是成人鞋的翻版》,《标准生活》2016 年第 5 期。

件，其中童鞋、皮鞋、休闲鞋召回事件分别占 12 起、30 起、1 起。童鞋中有毒有害化学品超标导致的召回事件占总召回事件的 94.5%，皮鞋召回主要原因是勾心不合格和衬里与内垫摩擦色牢度、可分解芳香胺染料 3 种①。

（三）鞋类产品品牌国家监督抽查

统计 2018 年至 2021 年 6 月国家市场监督局网站发布的抽查报告，2019 年与 2018 年相比抽检总批次增加 0.75 倍，抽检总数达 420 批次，说明鞋类抽检的重要性相对提高，而 2020 年受新冠肺炎疫情的影响，抽检总批次较少；2021 年上半年，据统计，鞋类产品国家抽检总批次为 224。鞋类产品的总体合格率达到 80% 以上，且整体水平呈上升趋势（见图 1），主要抽检种类为童鞋、皮鞋、雪地靴等，抽检种类较为单一，抽检地区包括北京、上海、广东、浙江、福建、江苏、山东等地，各省区、市涉及抽检数目较少。

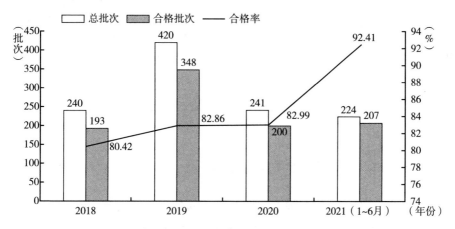

图 1　2018 年至 2021 年 6 月全国抽检鞋类产品监督抽查情况

资料来源：原国家质量监管总局鞋类产品抽检报告。

---

① 邵立军：《2019 年鞋类召回事件盘点》，《中外鞋业》2020 年第 2 期。

从抽检项目来看，童鞋涉及的抽检项目最全，为 21 个，其次是皮鞋和雪地靴，分别涉及 13 个和 17 个抽检项目。因为童鞋事关儿童的安全健康和生长发育，不管在哪方面，儿童产品都坚持最高标准和最严要求。我国皮鞋产品每年销量巨大，不良商家为了使皮革的表面使用性能更好，在生产过程中加入对人体有害的化学物质，此外，皮鞋成品的物理性能（如钢勾心、防滑性能）要求较高，使得皮鞋产品极易存在质量安全风险，因此需对其进行重点检测。

从近几年全国抽查的 1125 批次鞋类产品来看，其整体不合格率为 15.73%，其中，雪地靴、童鞋的不合格率在 20% 以上，皮鞋不合格率在 18.64%，皮凉鞋、旅游鞋以及电绝缘鞋不合格率较低，在 5% 及以下（见表 1）。

表 1　不同种类鞋的抽检情况

种类	不合格率(%)	抽检项目数(个)	主要不合格项目
雪地靴	21.67	17	成鞋耐折性能、外底耐磨性能、甲醛含量、防滑性能等
童鞋	21.08	21	邻苯二甲酸酯、外耐磨性能、重金属含量、勾心硬度等
皮鞋	18.64	13	衬里和内垫的摩擦色牢度、成鞋耐折性能、勾心硬度等、帮底剥离强度等
皮凉鞋	5.00	11	帮底剥离强度、鞋跟结合力和勾心纵向刚度
旅游鞋	3.56	6	成鞋耐折性能、外底耐磨性能
电绝缘鞋	3.33	6	鞋帮耐折性

（四）鞋类产品品牌地方监督抽查

图 2 为 2020 年全国各地市场监督管理局公布的鞋类产品质量抽查报告统计情况。如图 2 所示，广东省抽查产品批次最多，占抽查产品总数的 18.6%，其次是河南（12.74%）、上海（12.40%）、山西（12.40%）、海南（12.19%）、江苏（11.02%）浙江（9.99%）等地。从抽查覆盖区域情况来看，东南沿海发达地区以及人口大省占比较大，与我国产业集聚区基本吻合。

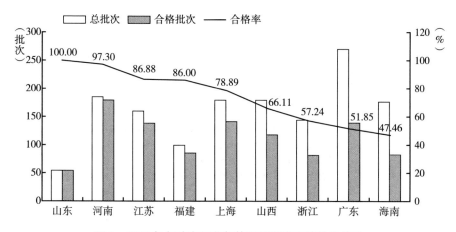

图 2　2020 年各地市场监督管理局鞋类产品抽查情况

资料来源：原国家质量监管总局鞋类产品抽检报告。

从 2020 年各省份抽查鞋类产品批次不合格率来看，广东、海南、浙江三省的合格率最低，海南甚至低于 50%，且有随着抽查批次的增多合格率逐渐降低的趋势。出现频率比较高的不合格原因有标识、耐折性能、耐磨性能、重金属含量、邻苯二甲酸酯、衬里和内垫摩擦色牢度、勾心硬度等。

三　品牌安全风险隐患分析

通过分析监督抽查结果发现，鞋类产品不合格项目主要集中在产品标识、产品物理性能（如：耐折性能、剥离强度、耐磨性能、鞋跟结合力、勾心强度等）以及化学性能（如：甲醛含量、重金属含量、可分解有害芳香胺染料等）方面。对鞋类产品进行质量安全风险分析，可以有效地预防和避免不良事件的发生，同时提高生产企业、市场监管部门、标准制定者和消费者等方面对鞋类产品质量安全的重视。表 2~表 4 将基于各类检测标准，从鞋类成品的物理性能以及产品中可能含有对人体有害的化学品两方面分析鞋类产品存在的质量安全风险。

（一）物理机械安全风险

表2　鞋类产品物理机械安全风险问题及风险要点

项目	风险要点
鞋底——防滑性能、耐折性能以及耐磨性能	人们在行走过程中由于路面湿滑或所穿鞋不合适,容易导致打滑甚至摔倒的结果,尤其是老人和小孩,摔倒可能会对他们的身体造成不可逆转的伤害。因此,鞋的防滑性能至关重要,需要引起足够重视,从而减少跌滑事件的发生。GB/T 3903.6-2017《鞋类 整鞋试验方法 防滑性能》提出了整鞋和鞋底的防滑性能测试方法,GB 30585-2014《儿童鞋安全技术规范》这一国标中也将防滑性项目纳入强标内容。 耐折性能主要是考核外底、帮面的耐屈挠性,若该项目不合格,易出现帮底或帮面开胶现象,鞋底易出现裂口,主要原因是鞋底粘合工艺不稳定、采用胶水类型不恰当、粘胶温度或挤压时间不够等。2021年3月份上海市市场监督管理局抽查结果显示,有2批次由深圳市某鞋业有限公司生产的男鞋耐折性能不合格,在耐折性能测试后,分别出现了左脚内侧帮底开胶18.6mm,右脚内外侧帮底开胶20.4cm,根据相关标准的要求,折后鞋底或帮底开胶不应大于5.0mm。耐折性能直接影响到鞋的使用寿命。 耐磨性能主要是考核鞋底材料的抗磨损能力。该项目不合格,鞋底的防滑花纹磨掉之后,会大大降低鞋底的防滑性,而且容易出现外底磨穿现象。广州某鞋业有限公司生产的女鞋,外底耐磨性能磨痕长度大于标准规定的最大值14.0mm
钢勾心——纵向刚度、硬度等	鞋类钢勾心安装在鞋外底与内底之间,是鞋的"脊梁",起着重要的承重和平衡作用,决定了鞋的安全系数和舒适程度,若该项目不合格,穿着时容易受力不当损伤脚关节,甚至有扭伤脚踝的风险,对于童鞋来说,没有安装钢勾心或其他支撑性材料,无法给予足弓足够的力量支撑,长期穿着不利于儿童骨骼的健康发育
剥离强度	该项目主要考核产品鞋帮与外底界面结合牢度。该项目不合格,将影响消费者对产品的正常穿着,产品在短时间内造成黏胶部位出现开胶脱胶现象。帮底开胶的主要原因是在加工过程中鞋帮粘合处材料打毛不到位,或者胶水刷胶过程中有积胶、刷胶不均匀等情况。芒果服饰在官网销售的一款短靴,帮底剥离强度左脚每厘米30牛,右脚每厘米27牛,标准值为≥每厘米40牛,严重不符合要求
鞋跟结合力	该项目主要是考核鞋跟的装配牢固度,鞋跟结合力不达标,容易产生鞋跟脱落,导致穿着者跌倒①

① 雷烨、田苗、李俊:《鞋履对人体平衡稳定性的影响研究进展》,《皮革科学与工程》2020年第30(02)期。

（二）化学物质安全风险

表3 鞋类产品化学物质安全风险问题及风险要点

项目	风险要点
甲醛	甲醛对人体感官有强烈的刺激作用,过量的甲醛会通过呼吸道进入人体内,对身体器官造成严重损害,也可能导致皮肤瘙痒、发炎等,同时甲醛也是人类肿瘤、白血病等严重疾病的重要诱因,目前已经被世界卫生组织确定为致癌和致畸形物质。上海某实业发展有限公司线上销售的一款童鞋的帮面衬里甲醛实测值为每千克130毫克,远远超出标准要求的小于或等于每千克20毫克,该物质超标,对儿童健康成长造成不利影响
重金属(铅、镉)含量	重金属超标,在人体中累积达到一定程度,会造成慢性中毒。重金属有致癌风险,重金属铅会损伤神经系统,导致低能儿甚至死亡。其主要存在于一些鲜艳涂料或染色剂中。2020年,福建省某鞋塑有限公司生产的步步高品牌儿童鞋因鞋底重金属含量超标,将涉及的192双儿童运动鞋召回并销毁,并为顾客提供免费退换货服务,因此无论从顾客角度还是生产企业自身角度,都应重视产品缺陷问题,需改进安全技术工作,从根本上提升产品安全水平
邻苯二甲酸酯	邻苯二甲酸酯在鞋类产品中起到增塑剂的作用,令材料更容易塑形。我国现行标准对该物质的限量要求是≤0.1%,由七波辉有限公司生产的某童鞋邻苯二甲酸酯检出值是标准限量的100倍以上。邻苯二甲酸酯迁移性高,容易从产品中释放,可通过多种途径侵入人体,并在人体内发挥着类似雌性激素的作用,会对内分泌有一定干扰,严重影响人身安全和健康
鞋里和内底摩擦色牢度	该项目主要考核鞋材受汗液浸渍、摩擦作用下,其染料保持稳定、不脱落的能力。该项目不合格会导致产品极易褪色,穿着时容易沾染到裤子、袜子上,由于皮鞋产品的衬里和内垫一般都直接接触皮肤,若人体长期接触,可能会引发肤质敏感人群的一些过敏症状。上海某商贸有限公司生产的一款男鞋,摩擦色牢度实测值衬里、内垫均为1~2级,标准值规定≥2~3级

（三）其他安全风险

表4 鞋类产品其他安全风险问题及风险要点

项目	风险要点
产品标识	该项目主要考核鞋标注信息的完整性、规范性，是否满足相关法律法规的要求。广东省2020年鞋类产品抽查结果中共有304款产品不合格，其中有标识问题的鞋类产品高达227项，由此可见产品标识需要引起生产企业的足够重视，错误的标识会误导、欺骗消费者，错误的材质会引起消费纠纷，缺少产品名称、标准、规格等信息，容易误导消费者买到不适合的商品

四 原因分析及建议

（一）原因分析

产生以上质量问题的主要原因有以下几种：一是生产企业因追求产品的表面工艺优良而加入一些不合格化学物质，例如为了增加鞋材的弹性与柔韧性，加入了过量的邻苯二甲酸酯，从而导致该物质严重超标；二是部分生产企业打价格战，为了降低成本，在鞋底材料中加入廉价助剂，或使用劣质材料；三是因为某些企业的生产规模小，尚处于求生存的阶段，不愿意花大规模资金投资建厂和购买先进的制鞋设备，因此其生产技术落后，工艺不稳定，且没有规范化的生产，从而导致产品物理性能不符合标准要求；四是多数企业的自主创新能力较弱，一直处于贴牌生产阶段，模仿甚至复制别人的产品，容易造成其产品标识、规格等基本信息不全甚至错误。

（二）综合建议

1. 相关职能部门
市场监管部门应积极发挥监管作用，首先保证及时向社会公开抽查情况及抽查结果；其次要善于利用群众监管，强化市场监管部门与消费群体的信息沟通，使公众可以了解被监管者的运行情况，进而强化对生产企业的行为监督和约束；最后，在网购平台发达的今天，还应加强网络监管，加强对网售鞋类的监督，保证网售产品的质量水平。

检测机构要严格保证检测结果的真实性和有效性，实施抽检分离，除现场检验外，产品抽样工作和检验工作交由不同机构实施并出具公正可靠的检测报告，不断提高检测设备及检测人员的技术水平和道德水平。检测机构最了解鞋类产品的质量安全问题，以及产生此类问题的原因及后果，因此可以为生产企业提供技术指导，从而有针对性地提高产品质量。

相关部门不断完善鞋类标准，针对现有标准覆盖面窄、不够完善的问题，标准制定机构应根据实际情况，完善鞋类相关标准，使企业、生产商、消费者更加有据可循。

2. 生产厂商

鞋类生产企业要发挥自身的质量主体优势，摒弃一味追求低成本而不顾产品质量安全的观念，要坚持以各项标准为参照，做到抵制劣质、有毒有害的生产原料，加工过程中注重产品质量，成品销售前进行质量检验，从全流程把握产品质量。

3. 消费者

消费者是鞋类产品的消费主体，当出现质量安全问题时，也是最直接的受害者。消费者应学会如何鉴别具有质量安全问题的产品，购买合格产品，抵制劣质产品，可以促进整个行业产品的高质量发展；在购买过程中，要维护自己的合法权益，对不合格产品或商家进行投诉，起到消费者监督的作用。

参考文献

[1] 卢江海：《全国鞋类产品执行标准公开现状分析》，《质量技术监督研究》2021

年第 2 期。

［2］张毓匀：《温州鞋类产业时尚化发展现状研究》，《生产力研究》2019 年第 2 期。

［3］张伟娟：《标准告诉你——儿童鞋不是成人鞋的翻版》，《标准生活》2016 年第 5 期。

［4］邵立军：《2019 年鞋类召回事件盘点》，《中外鞋业》2020 年第 2 期。

［5］谢萌萌、应楚楚：《儿童橡塑拖鞋防滑性能研究与风险评估》，《皮革科学与工程》2019 年第 29（04）期。

［6］雷烨、田苗、李俊：《鞋履对人体平衡稳定性的影响研究进展》，《皮革科学与工程》2020 年第 30（02）期。

［7］陈政、李喜、刘铁砚、艾元忠、胡红梅、辛中印：《皮鞋产品的安全风险评估模型》，《中国皮革》2016 年第 45（05）期。

［8］李冬灵、聂鑫、吴婷、宋晨：《我国儿童鞋类产品质量安全问题现状及风险控制》，《中国纤检》2019 年第 11 期。

B.11
我国灯具产品品牌质量安全风险分析[*]

陈进东　周海霞　曹丽娜[**]

摘　要： 照明电器行业是我国国民经济的重要组成部分，灯具产品作为民生消费产品，其产品质量的优劣也会影响人们的生命、财产和环境安全。本报告根据 2016~2020 年各省产品质量抽查报告筛选出关于全国灯具产品的质量抽检数据，对灯具产品质量现状进行分析，总结灯具相关产品质量不合格问题和发展趋势，对灯具产品的质量安全风险进行分析。为避免发生标记信息不明、电力系统谐波污染、视力下降、短路和漏电触电、易燃品起火等安全风险以及经济财产损失，本报告提出加强政府监管、提高检测能力、增强质量安全意识等相关建议以提高我国灯具产品质量，防范行业品牌风险。

关键词： 灯具产品　质量安全风险　质量抽查　产品质量

一　品牌总体情况介绍

我国是照明电器产品的生产、出口、消费大国，照明电器行业是我国国民经济的重要组成部分。目前我国现有企业有齐全的灯具产品类别，根据国

* 本报告为国家重点研发计划项目"面向中小微企业的综合质量服务技术研发与应用"（项目编号：2019YFB1405300）的阶段性成果之一。
** 陈进东，北京信息科技大学智能决策与大数据应用北京市国际科技合作基地，研究员；周海霞，北京信息科技大学经济管理学院，硕士研究生；曹丽娜，北京信息科技大学，博士后。

家统计局发布的 GB/T 4754-2017《国民经济行业分类》①，照明器具制造行业包括电光源制造、照明灯具制造、灯用电气附件以及其他照明器具制造，整个照明器具制造行业分为通用照明和特殊照明两类。

灯具产品作为民生消费产品，其产品质量的优劣将会直接影响到人民群众的生命财产和环境安全②。我国照明电器行业的特点是企业数量众多，单体规模较小，民营成分为主，整体产业集中度不高，产品价格差距大，质量水平参差不齐。随着行业市场的不断扩大，产品竞争也逐渐激烈，企业制造灯具产品要想在众多灯具制造企业中脱颖而出就需要以过硬的产品质量和消费者口碑来加持，因此更需要严格把控产品质量。从行业角度来看，严格把控我国灯具制造企业的产品质量，加强灯具产品质量检测，能够及时发现并解决灯具产品质量问题，能够从整体上推动灯具制造行业的健康发展，也能够保障消费者的人身安全和消费权益。

本报告根据 2016~2020 年中国质量新闻网和各省份市场监管局发布的质量抽查报告和通报，总结灯具产品质量不合格的主要问题，分析原因和发展趋势，并分析主要质量安全风险，对灯具制造行业发展提出相关建议。

二 品牌质量抽检报告质量现状分析

本报告采集 2016~2020 年中国质量新闻网和各省份市场监管局发布的质量抽查报告和通报信息，对 5 年来的灯具产品质量抽检结果整理出 46 份灯具产品质量抽检报告数据，抽检产品 1783 批次，共涉及灯具制造企业

---

① GB/T 4754-2017, Industrial classification for national economic activities ［S］. Beijing: General Administration of Quality Supervision, Inspection and Quarantine of the People's Republic of China; Standardization Administration of the People's Republic of China, 2017. GB/T 4754-2017, 国民经济行业分类［S］. 北京: 中华人民共和国国家质量监督检验检疫总局; 中国国家标准化管理委员会, 2017。

② Xu Qiaoyun, Lin Hao, Zhang Ye. Quality and Safety Analysis of Portable Lamps ［J］. Quality and Technical Supervision Research, 2019（05）: 31-35. 许巧云、林灏、张烨:《可移动式灯具产品质量安全状况分析》,《质量技术监督研究》2019 年第 5 期, 第 31~35 页。

1645 家，其中有 510 批次产品存在产品质量问题，共涉及企业 475 家。以下对灯具产品行业的分析全部基于这些抽检报告内容。

（一）灯具产品品牌质量抽检数据

灯具产品的质量抽检主要采用国家标准和根据国家标准制定的各省级灯具产品质量抽检标准，抽查依据 GB 7000.1-2015《灯具 第 1 部分：一般要求与试验》、GB7000.201-2008《灯具 第 2-1 部分：特殊要求 固定式通用灯具》、GB7000.202-2008《灯具 第 2-2 部分：特殊要求 嵌入式灯具》、GB7000.204-2008《灯具 第 2-4 部分：特殊要求 可移式通用灯具》、GB/T 24908-2014《普通照明用非定向自镇流 LED 灯性能要求》、GB24906-2010《普通照明用 50V 以上自镇流 LED 灯安全要求》、GB/T 17743-2007 或 GB/T 17743-2017《电气照明和类似设备的无线电骚扰特性的限值和测量方法》和 GB 17625.1-2012《电磁兼容限值 谐波电流发射限值（设备每相输入电流≤16A）》等标准的要求。

本次统计的质量抽查报告主要为日常照明用的灯具，主要涉及普通照明灯具和 LED 照明灯具。对普通照明灯具的标记、结构、外部接线、内部接线、防触电保护、绝缘电阻、电气强度、谐波电流限值、骚扰电压、颜色特征等项目进行检测，对 LED 照明灯具的标记、互换性、机械强度、功率、功率因数、光效/光通量、颜色特征、谐波电流限值等项目进行检查。

（二）灯具产品品牌质量发展趋势

近年来各省份市场质量监督管理局每年都进行产品质量抽检，并形成抽检报告发布在官方网站上，其覆盖的产品类别广泛，抽检项目全面，政府对市场质量监管越来越重视。

表 1 为 2016~2020 年全国共统计的灯具产品质量抽查数据，从表中可以发现灯具产品不合格率整体呈下降趋势，我国灯具产品的质量越来越好，我国灯具市场庞大，灯具制造企业也数不胜数，在市场竞争逐渐激烈的当下，国家对产品质量的监管与抽查力度逐渐加大，企业也更加

重视产品质量的提升，因此灯具产品不合格率逐渐减小，整体质量也逐步提高。

表1　2016~2020年灯具产品国家质量监督抽查情况

年份	抽查产品（批次）	不合格产品（批次）	抽查企业数	不合格企业数	产品不合格率（%）	企业不合格率（%）
2016	696	283	695	283	40.66	40.72
2017	99	31	95	31	31.31	32.63
2018	62	23	62	23	37.10	37.10
2019	445	58	422	57	13.03	13.51
2020	481	115	371	81	23.91	21.83

资料来源：原国家质量监管总局灯具产品抽检报告。

（三）灯具产品品牌质量问题地域分布

抽检数据主要集中在安徽、江苏、内蒙古等地区。图1为2016~2020年，各省份存在质量问题的灯具制造企业数和不合格率情况，不合格企业数与抽检企业数量成正比，且抽检企业越多越能发现灯具产品所存在的质量问题。江苏、云南、新疆的企业不合格率较高，其中江苏共抽检610家企业，其中42%的企业存在产品质量问题。2020年9月18日，由中国质量认证中心牵头组建的灯具照明品牌集群在江苏省苏州市成立。集群成立后将整合中国照明行业品牌，推动中国灯具照明行业品牌化、规模化、市场化和国际化，更好地参与国际竞争，因此各省份对灯具产品的质量检验更加严格。

（四）行业品牌主要质量问题分布

检查出的不合格产品批次涉及的主要质量问题包括外部接线、结构、颜色特征、内外部接线、标志和说明、灯功率、光效/光通量、谐波、辐射电骚扰、爬电距离和电气间隙、防触电保护、接地规则和绝缘电阻与电气强度等。抽检不合格的灯具产品所涉及的质量问题及其数量占比如表2所示，在所有抽检不合格的产品批次中，最主要的质量问题是灯具结构不符合标准规

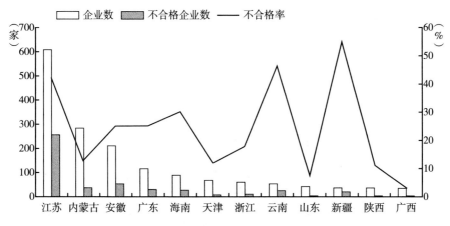

图1　2016~2020年各省份抽检企业数量和不合格率

范、内外部接线存在安全隐患、标志和说明不清晰、辐射电骚扰。其中最普遍的质量问题就是标志和说明不清晰，占比为56.43%。

表2　2016~2020年不合格灯具产品质量问题及其占比

灯具产品质量问题	不合格产品问题占比(%)
标志和说明	56.43
辐射电骚扰	50.36
内部接线	48.93
外部接线	46.79
结构	21.43

三　品牌质量安全风险分析

结合近几年地方监督抽查结果分析，灯具产品主要存在标志和说明、灯功率、内部和外部接线、谐波电流、结构、颜色特征等方面的产品质量问题（见图2）。涉及标记信息不明、经济财产损失、电力系统谐波污染、视力下降、短路和漏电触电、易燃品起火等风险（见表3）。

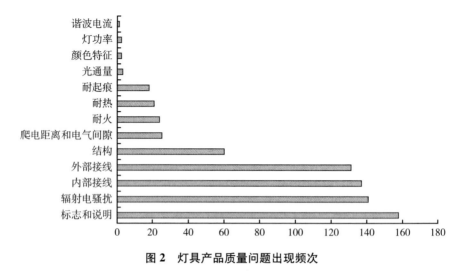

图2　灯具产品质量问题出现频次

资料来源：原国家质量监管总局灯具产品抽检报告。

表3　灯具产品品牌质量问题及风险要点

项目	风险要点
标记信息不明	检查样品标记所含内容是否全面、清晰、牢固,可以避免消费者错误使用产品导致危险事件发生。标记和说明检查项目主要检测产品的标签信息是否完整和正确。标志和说明书是使用者获取商品信息最便捷的途径,铭牌信息的缺失和错误都会对使用者造成影响,在抽检中发现存在无铭牌标识、标识信息错误、产品属性信息漏印等情况,制造商未在灯具、包装或使用说明书上全面地提供产品属性信息或提供虚假信息。例如额定电压、防触电等级、灯功率等信息的缺失和错误可能造成购买或使用错误,使使用者发生触电的危险,威胁消费者生命和财产安全
经济财产损失	灯功率是指正常工作时消耗的有功功率。普通照明用自镇流 LED 灯商品在额定电压和额定频率下工作时,其实消耗的功率与额定功率之差不得大于15%或0.5W(80%~110%)。目前存在灯的实际消耗的功率超出额定功率的偏差范围、实测灯的功率因数低于标准规定限值、商品标识灯功率与实际额定功率相差较大等情况。市场上大功率灯等往往比小功率灯等定价高,如果因此抬高了售价,误导消费者购买不合适的产品,会使消费者受到经济损失。灯的初始光效与节能关系最为直接。灯光效合格的产品耗电少能够达到节能的目的。质量抽检过程中存在制造商虚假宣传灯光效等指标。如果企业为追求利润制造廉价的节能灯通常使用低廉的材料,导致光效不能达标、节能效果差、使用寿命短,进而损害消费者利益

续表

项目	风险要点
电力系统谐波污染	谐波电流主要考核灯具对电力系统谐波污染状况。《电磁兼容限值 谐波电流发射限值(设备每相输入电流≤16A)》(GB 17625.1—2012)中规定了公共照明电网的谐波允许值。过高的谐波电流会导致电缆过热或导体损耗,增加对电网的损坏,对同一电网上的电子设备产生干扰或造成误动作。LED 灯具自身驱动电源产生的谐波会对周围环境的通信设备和医疗设备造成干扰,谐波噪声会对周围的通信系统产生干扰。若灯具谐波限值没有达到 GB 17625.1-2012 标准要求,会产生以下危害:电缆过热、变压器过热、额外的能量损失和意外跳闸等,还会对其他电子设备产生不良影响
视力下降	颜色特征中主要对一般显色指数及特殊显色指数 R9 值的限值有要求。一般显色指数是指这种光线照在有颜色的物体上的反射光,与同色温的标准照明光线照在这种颜色物体上的反射光线有差异,灯光的显色能力直接影响人眼感受到的真实颜色。灯光在学习中也必不可少,良好的教室光环境可以提升学生的环境满意度。根据北京市部分学校教室采光照明的调查分析,发现其光环境与国家标准差距较大。如果灯的显色指数不符合标准要求,出现和真实颜色有差别的情况,长期使用下去容易使人出现近视等视力问题,危害人们的健康
短路和漏电触电	灯具产品的内部接线和外部接线是影响产品通电使用的重要环节,外部接线通常指在灯具外部且附带在灯具上的接线,用于连接电源、其他灯具或外部镇流器;内部接线指灯具内部各种零部件之间形成的连接线。在内外部接线可能存在内部接线中软绞合线的端部镀锡过多、产生松动时无保护措施或者对接线绝缘保护不到位等情况。另外在灯具结构上外部结构材料的绝缘性也必须得到保障,产品基本绝缘的内部布线需要套上绝缘套管,如果其不牢固,发生松动脱落使基本绝缘的内部布线与可触及金属部件接触,会发生短路、漏电触电等安全事故
易燃品起火	产品结构检测是检查灯具内部是否含有内部线路安全保护装置,灯具与灯体间的连接是否可靠,是否含有充电指示灯等关键零部件。灯的结构设计方面是否安全可靠,也是灯具使用过程中的重要影响因素。在机械方面,灯具结构要固定牢固。质量大于 3kg 的灯具要固定在螺栓或膨胀吊钩上,螺栓或膨胀吊钩的直径不小于灯具的挂梢直径,最小直径不应小于 6mm,吸顶灯的固定螺栓不应少于 2 个①。有些灯具长时间通电可能会导致过热,如果灯具结构不稳定或是无防松措施等,很可能造成灯具倒落,若触碰到易燃物品可能会引发火灾

① Zhang Zhi. Installation and use precautions for online purchase of lamps and lanterns[J]. Rural Electician,2020,28(09):61. 张志:《网购灯具的安装及使用注意事项》,《农村电工》2020 年第 28(09)期,第 61 页。

四　原因分析及建议

（一）原因分析

针对以上对灯具产品质量抽检报告的分析，灯具产品质量不合格的原因有以下几点。

1. 质量合格率普遍偏低

从近几年的质量合格率来看，灯具产品的质量水平并不高。我国已是照明灯具生产销售大国，有广大的消费市场，但是灯具制造企业在市场中的准入门槛过低，导致大量企业涌入，想在竞争中获得利润和市场就开始注重宣传销售，降低制造成本等，从而忽视了产品质量，以至于存在产品标记说明不清晰、内外部接线不合格等质量问题，易造成安全风险。灯具制造企业主要是私营企业和中小企业，在进入市场前没有严格的标准意识和生产制造规范，专业技术水平不高、生产流程与检测经验不足都是导致质量问题频发的关键。

2. 涉及安全问题偏多

产品不合格质量问题中涉及产品材料和产品接线问题偏多，这些问题会导致短路、接触不良或者漏电触电等情况的发生，从而威胁消费者的人身安全。部分企业并不重视生产过程中的质量控制，生产设备和生产条件简陋，工人技术能力不高，生产操作流程不专业，用材用料单纯追求节约生产成本，在产品流入市场前缺乏专业的检测流程，这些都是造成产品质量不合格的原因。企业应从产品生产全流程进行控制，着重提高生产线上的生产质量，对流程设计等环节进行严格把关，对标灯具产品国家标准，严格按流程标准生产制造。

3. 对生产标准执行不到位，存在误导行为

企业过分追求利润，无视标准中的安全要求，一味降低生产成本，使用劣质材料，某些企业在产品标识和产品销售宣传中的产品特性与实际检测结

果不符，实际结果与相关标准要求不符，从而误导消费者购买了不合格的产品。一旦质量问题显露出来，轻则对消费者造成经济损失，重则威胁到人身安全。

（二）综合建议

通过对质量问题安全风险分析，结合出现的质量问题与风险，为了进一步提升灯具产品的质量，提升行业整体质量水平，现提出以下建议。

1. 相关部门加强质量监管

及时制、修订相关标准和技术规范，提高行业准入门槛。对频繁出现的不合格质量指标（如标记和说明、内部接线和外部接线、结构、防触电保护、谐波电流限值、颜色特征、光效/光通量等检测项目）进行针对性的质量检测。质量检测不仅要对市场流通商品进行检测，更需要从企业生产制造源头查起。企业生产过程不符合标准、操作不规范，相关质量部门应建立标准规范，严格把控灯具生产企业质量。加大监管力度，不仅要定期抽查，还要积极关注市场负面信息，对相关产品进行风险监测，政府和相关部门要及时参与企业质量管理和质量调整，尽可能及时发现和处理解决消费者遇到的质量问题，保护消费者的人身安全和合法权益。

2. 企业自身加强质量检测

在企业产品生产过程中，操作不当或生产流程设计时对防护措施等步骤的忽略会导致漏电触电等安全风险问题的发生，相关企业需要严格管理生产流程，做到生产流程和产品的自我检验，以减少质量问题的出现。中小企业资金有限，受到设备、资源等限制，对产品销售前不能进行专业检测，可以借助第三方平台对企业产品进行检测，通过检测服务提升企业生产质量，也能够提高企业的市场竞争力。

3. 提高产品质量安全意识

在公开网站、社交媒体等平台对产品质量报告和质量问题案例进行公布，以对消费者和生产企业起到警示作用。利用不同方式加大宣传产品质量

安全知识力度，对企业进行生产全过程的质量管理培训，加强网络上的质量安全知识传播，提高消费者的质量安全意识。

参考文献

［1］GB/T 4754-2017，国民经济行业分类［S］. 北京：中华人民共和国国家质量监督检验检疫总局；中国国家标准化管理委员会，2017。

［2］宋仪、张跃川、孟奕敏：《中国灯具市场分析》，《全国流通经济》2019 年第 30 期，第 3~4 页。

［3］许巧云、林灏、张烨：《可移动式灯具产品质量安全状况分析》，《质量技术监督研究》2019 年第 5 期，第 31~35 页。

［4］简漳智、张志平：《LED 充电台灯产品质量安全风险监测分析》，《日用电器》2021 年第 1 期，第 65~68 页。

［5］GB/T 31728-2015，带充电装置的可移式灯具［S］. 北京：中华人民共和国国家质量监督检验检疫总局，中国国家标准化管理委员会，2017。

［6］李济民：《电商平台的 LED 台灯产品安全质量水平分析》，《厦门科技》2019 年第 1 期，第 51~54 页。

［7］公文礼：《LED 照明应用中驱动电源对公共电网的影响及治理》，《灯与照明》2021 年第 45（01）期，第 52~57 页。

［8］GB 17625.1-2012，电磁兼容限值 谐波电流发射限值（设备每相输入电流≤16A）［S］. 北京：中华人民共和国国家质量监督检验检疫总局；中国国家标准化管理委员会，2017。

［9］Veitch J A，Newsham G R，Boyce P R. Lighting appraisal，well-being and performance in open-plan offices：A linked Mechanisms approach［J］. Lighting research and technology，2008，40（2）133-151.

［10］孟超：《北京市部分学校教室采光照明现状分析》，《照明工程学报》2006 年第 17（1）期，第 34~37 页。

［11］张志：《网购灯具的安装及使用注意事项》，《农村电工》2020 年第 28（09）期，第 61 页。

B.12
我国童装产品品牌质量安全风险分析[*]

陈进东　郝凌霄　曹丽娜[**]

摘　要： 童装作为一个重要的消费门类，其产品安全关系到全国儿童的健康成长。本报告依据各省份监管抽查数据，发现童装产品存在产品标识及使用说明不规范、衣物及附件缝制不规范或强度未达标、纤维含量不达标、有毒有害物质超标等四类问题，提出完善行业标准、整合监管数据、加强行业自律、加强渠道监管、完善投诉机制等行业改进意见，以帮助提升童装产品质量，保障儿童的身体健康。

关键词： 童装　品牌质量安全　生产及检测标准

一　行业总体情况分析

童装是指面向 13 岁以下的少年儿童所穿着的服装，不包括处在青少年时期的未成年人。根据年龄的不同，童装可以划分为：婴幼儿服装、一般儿童服装；按照衣物的种类又可划分为：上衣、下装、外套、套装及童鞋等。目前，我国童装企业数量已经有上万家，主要分布在江苏、浙江、广东、福建等东南沿海地区。图 1 展示了我国童装市场规模的增长趋势，从 2015 年

---

* 本报告为国家重点研发计划项目"面向中小微企业的综合质量服务技术研发与应用"（项目编号：2019YFB1405300）的阶段性成果之一。
** 陈进东，北京信息科技大学智能决策与大数据应用北京市国际科技合作基地，研究员；郝凌霄，北京信息科技大学，硕士研究生；曹丽娜，北京信息科技大学，博士后。

的 1400 亿元增长到 2020 年的 2292 亿元，市场规模扩展了近 64%。随着国家三胎生育政策的实施，中国将迎来更多的新生儿，需要童装企业在质量与数量上实现双提升。

图 1　2015～2020 年中国童装市场规模

数据来源：前瞻产业研究院整理。

目前，中国的童装市场已经进入了快速发展的阶段，已由过去简单、大众化的产品转变为门类众多、功能多样的产品，而且还在不断地细化当中。但国内的童装企业规模普遍偏小，管理能力较弱，无法正确认识和理解产品质量的重要性，导致国内的童装市场频频爆出质量问题。基于以上原因，本报告通过对国内相关监督管理数据的分析，旨在为童装企业提出合理的政策及建议，提高相关企业对儿童服装安全的意识。

二　品牌产品生产及检测标准

各省份监管部门在产品抽查时，都需要依据相关的国家标准和行业标准进行。根据实施的严格程度国家标准可以分为：强制性标准与推荐性标准①。国家

---

① 施琴：《中美儿童服装技术法规和标准差异性探讨》，《上海纺织科技》2017 年第 45（03）期，第 38～41+53 页。

强制性标准要求相关单位及企业必须严格执行，以保障人民的生命、财产安全；推荐性标准则是用于进一步提升企业产品的质量，企业可以根据自身情况选择是否采用推荐性标准。我国儿童服装行业所使用的国家标准如表1所示。

表1　中国儿童服装技术标准

序号	标准名称	标准类型
1	GB 18401-2010《国家纺织产品基本安全技术规范》	强制性标准
2	GB 31701-2015《婴幼儿及儿童纺织产品安全技术规范》	强制性标准
3	GB 5296.4-2012《消费品使用说明 第4部分：纺织品和服装》	强制性标准
4	GB 30585-2014《儿童鞋安全技术规范》	强制性标准
5	GB 25036-2010《布面童胶鞋》	强制性标准
6	GB/T 22044-2008《婴幼儿服装用人体测量的部位与方法》	推荐性标准
7	GB/T 1335.3-2009《服装号型儿童》	推荐性标准
8	GB/T 22702-2008《儿童上衣拉带安全规格》	推荐性标准
9	GB/T 22704-2008《提高机械安全性的儿童服装设计和生产实施规范》	推荐性标准
10	GB/T 22705-2008《儿童服装绳索和拉带安全要求》	推荐性标准
11	FZ/T 81014-2008《婴幼儿服装》	推荐性标准
12	FZ/T 73025-2013《婴幼儿针织服饰》	推荐性标准
13	GB/T 31900-2015《机织儿童服装》	推荐性标准
14	FZ/T 81003-2003（2012）《儿童服装、学生服》	推荐性标准
15	HG/T 2403-2018《胶鞋检验规则、标志、包装、运输、贮存》	推荐性标准
16	QB/T 2673-2013《鞋类产品标识》	推荐性标准
17	QB/T 2880-2016《儿童皮鞋》	推荐性标准
18	QB/T 4331-2012《儿童旅游鞋》	推荐性标准
19	QB/T 4546-2013《儿童皮凉鞋》	推荐性标准

　　国家标准为企业提供了统一明确的生产指导，能促使行业健康有序发展。各省份监管部门在国家标准的要求下，对儿童服装的检测项目主要有：纤维成分含量、产品使用说明（标识）、甲醛含量、pH值、可分解致癌芳香胺染料、附件抗拉强力、衣带缝纫强力、耐水色牢度、耐汗渍色牢度、耐干摩擦色牢度、耐湿摩擦色牢度、可萃取重金属含量、邻苯二甲酸酯、耐折性能、剥离强度等。

三 品牌质量安全国家监督抽查情况

（一）数据搜集及处理情况

本报告所使用的数据主要来自各省份质量监督管理网站、中国质量新闻网以及中国消费网中的抽检通告，通过后裔采集器对相关内容进行抓取，包含的内容有：通告标题、通告链接、通告内容、通告发布时间。由于各个网站的形式并不统一，部分网站不包含附件内容，在获取到初始信息后，还需要通过人工筛选的方式，整理出包含童装抽检的通告目录，再通过对应的链接地址查看该通告下是否提供相应的附件，若包含附件，则将对应的内容添加到信息汇总表中。

最后统计各个通告中的抽查批次详情，并将通告及附件内容加载到Python程序中，识别主要的不合格项目。

（二）品牌监督抽查数据

通过对获得的数据整理后，得到以下信息：1）剔除无效及重复的通告信息后，有效的童装监督抽查通告数有103条；2）抽查年份从2012年到2021年，多数省份的通告主要集中在2016年至2020年；3）抽查批次总共有7496，合格批次总数为5578，整体合格率为74.4%；4）抽查批次较多的地区主要集中在长三角、珠三角等地，属于我国经济及服装产业较为发达的地区。

表2是所有省份及市场监管总局的童装抽查信息，包括抽查单位、抽查年份、抽查批次、合格批次、合格率、主要不合格项目等信息。

表2 童装产品监督抽查信息统计

序号	抽查单位	抽查年份	抽查批次（个）	合格批次（个）	合格率（%）	主要不合格项目
1	北京	2019	80	73	91.25	使用说明、pH值、纤维成分及含量
2	北京	2018	54	45	83.33	使用说明、纤维成分及含量、耐洗色牢度
3	北京	2016	12	11	91.67	pH值
4	天津	2019	20	16	80.00	绳带要求、附件抗拉强力、纤维含量

序号	抽查单位	抽查年份	抽查批次（个）	合格批次（个）	合格率（%）	主要不合格项目
5	天津	2018	60	48	80.00	纤维含量、使用说明、附件抗拉强力
6	天津	2017	61	52	85.25	纤维含量、使用说明、产品标识
7	天津	2016	30	24	80.00	纤维含量、耐磨性能、感官质量
8	天津	2015	18	16	88.89	缝纫强力、产品标识
9	上海	2020	50	44	88.00	外底硬度、甲醛含量、邻苯二甲酸酯
10	上海	2019	130	107	82.31	纤维含量、pH 值、甲醛含量
11	上海	2017	177	131	74.01	纤维含量、pH 值、绳带要求
12	山东	2020	95	77	81.05	绳带要求、纤维含量、pH 值
13	山东	2019	78	76	97.44	纤维含量、pH 值、产品标识
14	山东	2018	18	13	72.22	重金属含量、绳带要求、耐摩擦色牢度
15	山东	2017	105	63	60.00	纤维含量、pH 值、附件抗拉强力
16	江苏	2020	250	224	89.60	纤维含量、产品标识、甲醛含量
17	江苏	2019	530	460	86.79	纤维含量、产品标识、外底硬度
18	江苏	2018	96	88	91.67	纤维含量、绳带要求、附件抗拉强力
19	江苏	2017	113	62	54.87	绳带要求、pH 值、使用说明
20	江苏	2016	326	204	62.58	甲醛含量、重金属含量、绳带要求
21	浙江	2021	6	6	100.00	
22	浙江	2020	165	131	79.39	纤维含量、重金属含量、产品标识
23	浙江	2019	173	109	63.01	纤维含量、使用说明、产品标识
24	浙江	2018	201	130	64.68	纤维含量、产品标识、绳带要求
25	浙江	2017	10	9	90.00	帮底剥离强度
26	浙江	2016	75	43	57.33	纤维含量、使用说明、产品标识
27	安徽	2020	20	16	80.00	纤维含量、耐摩擦色牢度、甲醛含量
28	安徽	2018	10	9	90.00	纤维含量
29	安徽	2017	47	30	63.83	甲醛含量、pH 值、耐水色牢度
30	安徽	2016	25	24	96.00	纤维含量
31	安徽	2014	35	27	77.14	纤维含量、pH 值、产品标识
32	安徽	2013	50	43	86.00	纤维含量、pH 值、产品标识
33	安徽	2012	51	37	72.55	纤维含量、pH 值、使用说明

续表

序号	抽查单位	抽查年份	抽查批次（个）	合格批次（个）	合格率（%）	主要不合格项目
34	广东	2021	36	33	91.67	耐折性能
35	广东	2020	496	324	65.32	纤维含量、产品标识、甲醛含量
36	广东	2019	150	120	80.00	pH值、甲醛含量、绳带要求
37	广东	2018	99	90	90.91	纤维含量、绳带要求、附件抗拉强力
38	广东	2017	200	134	67.00	纤维含量、使用说明、产品标识
39	广东	2016	721	401	55.62	纤维含量、pH值、可分解致癌芳香胺染料
40	福建	2021	260	224	86.15	纤维含量、重金属含量、邻苯二甲酸酯
41	福建	2020	100	77	77.00	纤维含量、绳带要求、产品标识
42	福建	2017	150	98	65.33	使用说明、产品标识、甲醛含量
43	福建	2016	20	17	85.00	纤维含量、pH值
44	广西	2018	27	25	92.59	绳带要求
45	广西	2017	10	1	10.00	纤维含量、pH值、使用说明
46	海南	2021	30	22	73.33	产品标识、邻苯二甲酸酯
47	海南	2020	103	48	46.60	纤维含量、使用说明、产品标识
48	河北	2017	20	13	65.00	纤维含量、产品标识、耐湿摩擦色牢度
49	吉林	2018	9	7	77.78	纤维含量、产品标识、耐湿摩擦色牢度
50	山西	2020	200	127	63.50	产品标识、邻苯二甲酸酯、绳带要求
51	山西	2016	191	187	97.91	纤维含量、产品标识、甲醛含量
52	山西	2016	40	39	97.50	纤维含量
53	陕西	2020	60	45	75.00	纤维含量、耐湿摩擦色牢度、绳带要求
54	河南	2018	19	14	73.68	纤维含量、耐唾液色牢度、pH值
55	湖南	2016	109	49	44.95	纤维含量、产品标识、耐折性能
56	云南	2016	20	18	90.00	纤维含量、绳带要求、pH值
57	新疆	2016	39	18	46.15	纤维含量、使用说明、产品标识
58	市场监管总局	2020	76	60	78.95	邻苯二甲酸酯、绳带要求、重金属含量
59	市场监管总局	2019	648	538	83.02	邻苯二甲酸酯、绳带要求、纤维含量
60	市场监管总局	2018	164	109	66.46	纤维含量、pH值、甲醛含量
61	市场监管总局	2015	328	292	89.02	纤维含量

资料来源：原国家质量监管总局童装产品抽检报告。

　　如表2所示，整个童装行业的合格率仍然不容乐观，即使是长三角地区的省份，也仍然存在抽查合格率偏低的情况（如表2中第23、24条数据）。抽查范围、检测指标、检验人员的素质都有可能影响最终的抽查结果，但是在大量数据面前，我们不难得出这样一个结论：国内的童装行业依旧存在管理不规范、执行不到位、生产企业质量意识薄弱等问题。我国童装行业起步较晚，相关的法规制度并不完善，导致行业门槛较低，大部分企业仍旧使用降低价格的手段来进行竞争，这就势必带来诸多的质量安全问题，危害儿童的健康安全。

四 童装产品品牌质量安全风险分析

屡屡爆出的童装质量安全事件，说明童装生产企业缺乏产品质量意识、没有社会责任感，同时，相关监管部门对于违规者的处罚不够严厉。为了进一步探讨影响童装产品安全的风险因素，本报告通过相应的词频统计程序，对已获取的童装抽查通告及附件进行了分析，统计出不合格项目出现的频次，具体信息如图2所示。

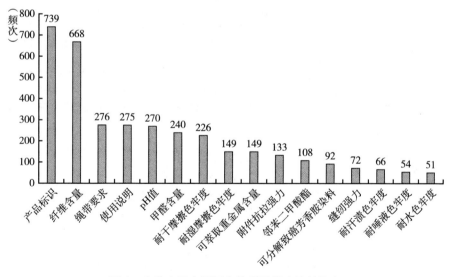

图2 童装产品主要不合格项目频次统计信息

资料来源：原国家质量监管总局童装产品抽检报告。

各地监管部门依据 GB 18401-2010《国家纺织产品基本安全技术规范》、GB 31701-2015《婴幼儿及儿童纺织产品安全技术规范》、GB/T 29862-2013

《纺织品纤维含量的标识》等相关标准对童装进行检测。虽然各地检测出的不合格项目不尽相同，但整体上来看，产品标识与纤维含量最容易出现问题，其次是绳带要求、使用说明、pH 值、甲醛含量、色牢度、重金属含量等。可以归结为以下四大类问题（见表3）。

表3　童装产品质量问题及风险要点

项目	风险要点
产品标识及使用说明不规范	衣物的产品标识及使用说明类似于每个人的身份证,不仅用来区别产品的归属,还用来指导日常的使用和维护。如果产品的使用说明(标识)缺失或信息不全,轻则导致消费者购买错误的产品,影响监督管理部门对产品质量进行有效监督,重则错误的维护方式导致衣物受损,产生附件脱落、织物散乱等情况,进而危害儿童的生命健康。一个合格的产品使用说明(标识)必须包含生产厂商的名称、地址、产品规格或型号、衣物的成分含量、保养维护方法以及注意事项等
衣物及附件缝制不规范或强度未达标	童装厂商一般会在衣物上缝制各式各样的附件,用于服饰美观或提供简单的功能,这些附件包含绳带、纽扣、拉链等。如果缝制不规范或强度未达标,将给婴幼儿及儿童带来各种物理或机械性危害,比如被绳带勒伤、缠绕,或被童车、电梯、旋转门等机械卷入,造成直接伤害,严重者将会造成生命危险。对于一些更小的附件,如纽扣、小塑料珠等,发生脱落时,可能会被婴幼儿或年龄较小的儿童吞下,产生窒息危害。GB 31701-2015《婴幼儿及儿童纺织产品安全技术规范》标准中关于童装的绳带长度及锐利物都有明确的要求,相关企业责任人应熟知标准中的各项指标规定,并将标准落实到日常的生产作业中
纤维含量不达标	纤维含量作为一件衣物质地优劣的重要标志,并不对儿童构成严重的健康危害,但却从侧面反映了相关生产企业的生产管理能力。作为有经验的消费者,可以在第一时间判断产品的优劣程度,而对于一些新生儿的父母,由于缺乏相关经验,只能通过相关标识去购买童装产品,极有可能买到劣质纤维制成的产品,进而影响日常的维护保养,损害衣物的完整性,对新生儿的生命安全构成潜在的威胁
有毒有害物质超标	经过数据分析后,童装中的有毒有害物质主要包含:酸碱物质、甲醛、重金属、邻苯二甲酸酯、可分解致癌芳香胺染料。这些有毒有害物质往往通过皮肤、眼睛、口腔和呼吸道对儿童产生危害。人体的皮肤呈弱酸性,当接触到 pH 值不达标的衣物时,就有可能破坏皮肤的酸碱平衡,引发炎症等一系列刺激反应。同时,婴幼儿及儿童由于发育不完全,对外界事物及个人行为无法做出正确的判断,往往喜欢将衣物或小物件放进口中咀嚼,这样会使重金属等有害物质通过口腔进入身体内部,对体内的脏腑器官造成不可逆的伤害。国家强制性标准 GB 18401-2010《国家纺织产品基本安全技术规范》中就有明确提示,可分解芳香胺染料对人体具有致癌的作用

五　原因分析及建议

（一）原因分析

结合各省份监督抽查报告、中国消费网以及上述的数据结果，可以将童装产品的风险因素进一步归结为两类：直接风险因素和间接风险因素。

直接风险因素主要包含衣物及附件的缝纫强度和有毒有害物质的含量，前者可能通过物理机械的方式危害婴幼儿及儿童的生命安全，后者则是通过皮肤、呼吸道，逐渐侵害儿童及婴幼儿的身体健康，严重的情况下会产生不可逆的伤害。

间接风险因素则主要包含产品使用说明（标识）和纤维含量，两个项目指标并不会直接对婴幼儿及儿童的身体产生危害，但会影响家长的购买及日常的维护，对衣物产生损害，导致某些危险因素的产生，影响儿童的生命安全。

（二）综合建议

第一，完善童装行业标准。监管部门应依据现有的国内外标准规范，同时结合市场上的童装质量问题，合理修改童装行业的生产标准[1]，剔除过时的内容，增加符合国内市场现状的标准，为童装生产企业提供清晰明确的标准依据，并制定标准执行周期，根据市场反馈情况及时修改并发布新的标准规范。

第二，整合多方监管数据。童装产品不仅涉及相关的服装生产企业，还包含原材料的生产加工以及最后的产品销售。监管部门应将各方监管数据进

---

[1]　汪为华、魏晓英、蒋付良、张娜：《童装检测中的质量问题及对策》，《上海纺织科技》2016 年第 44（03）期，第 49~50+56 页。

行整合，形成完善的产业监管数据，定时向社会公布，使上下游生产企业及商家及时规避风险，同时提升监管部门的执法效率，为监管工作提供有力支撑。

第三，加强行业自我管理。我国童装行业协会应该建立内部监督管理机制，在相关监管部门抽检的基础上，加大对协会内部生产企业的定期检查，帮助企业完善管理制度、提高员工技能、把控生产环节。加强行业自我管理可以降低企业损失、巩固已有品牌信誉、提升社会各界对童装行业的满意度以及保障少年儿童的身体健康。

第四，加强销售环节监管。作为直接面向消费者的销售商家，应该对购置的商品执行严格的审查制度，建立完善的评测方法和标准，从外观、气味、质感等方面加强把控力度。网络销售平台应提高商家入驻的门槛，对于有销售假冒伪劣产品记录的店铺及个人，应采取永久关闭的做法，进而提升平台的产品质量。

第五，完善投诉机制。监管部门应建立专门处理童装产品投诉事件的工作组，投诉渠道应包含信件投诉、电话投诉、网络投诉。接到投诉的第一时间应派专人调查和取证，通知相关生产企业及商家参与问题的解决，并将整个投诉处理过程实时反馈给消费者，加强行业相关责任人的质量意识，提升消费者的满意度。

参考文献

［1］施琴：《中美儿童服装技术法规和标准差异性探讨》，《上海纺织科技》2017年第45（03）期，第38~41+53页。

［2］李泽、刘雅玲：《关于BS 7907：2007童装机械安全性能的探讨》，《针织工业》2019年第7期，第72~76页。

［3］何素虹、臧兴杰、樊哲、容伟结：《我国出口欧盟童装产品召回风险及应对策略研究》，《标准科学》2019年第9期，第172~176页。

［4］GB 31701-2015：《婴幼儿及儿童纺织产品安全技术规范》，中国质检出版

社，2015。

［5］GB 18401-2010《国家纺织产品基本安全技术规范》，中国质检出版社，2011。

［6］汪为华、魏晓英、蒋付良、张娜：《童装检测中的质量问题及对策》，《上海纺织科技》2016年第44（03）期，第49~50+56页。

B.13
我国取暖器产品品牌质量安全风险分析*

陈进东　孔令云　曹丽娜**

摘　要： 我国小家电相关产品合格率一直不高，本报告是针对我国小家电
行业中的取暖器产品，采集了全国各个省份市场监督管理局发布
的相关监督抽检报告，统计了取暖器产品不合格项，重点分析了
标志与说明、电源连接与外部软线、结构、输入功率与电流、元
件等方面的产品质量与安全风险。本文认为作坊式生产、不符合
国家标准、操作不规范是导致安全风险问题的原因，并从加大监
督惩戒力度、谨防低价陷阱、加强员工培训等维度提高我国取暖
器产品质量提出建议。

关键词： 取暖器　质量监督抽检　质量安全　安全风险

一　总体情况分析

（一）产业发展综述

取暖器是指用于取暖的设备，主要分为油汀式取暖器、电热膜取暖器、

---

　* 本报告为国家重点研发计划项目"面向中小微企业的综合质量服务技术研发与应用"（项目
　　编号：2019YFB1405300）的阶段性成果之一。

** 陈进东，北京信息科技大学智能决策与大数据应用北京市国际科技合作基地，研究员；孔令
　　云，北京信息科技大学，硕士研究生；曹丽娜，北京信息科技大学，博士后。

红外线取暖器、暖风机和对流式取暖器①。取暖器作为季节性产品，在秋冬季销量较高。与过去几年相比，目前取暖器的制热效率越来越好，也衍生出很多新的结构设计和材料，比如石墨烯新材料的应用让取暖效果变得更好②。目前市场占比最大的几家企业分别为美的、格力、先锋、艾美特、联创等品牌，此类企业所生产的取暖器产品价格较高，为中国 3C 认证强制产品品牌，产品质量较好，不合格率较低。但流通领域大部分产品出自家庭式作坊式企业，此类企业为取得高利润采用劣质的原材料进行生产，所生产的产品质量较差，安全风险较高。

（二）产业分布情况

取暖器产品销量主要受季节因素影响较大，2019 年冬天天气温度较高，导致 2019 年取暖器销量较低。2020 年冬季寒潮时间较长，取暖器在我国市场的零售量和市场销售额大幅回升，2020 年我国取暖器在线上市场的零售量大约为 2826.1 万台，比上年增长 52.15%，零售额大约为 67.4 亿元，比上年增长 53.53%；线下市场实现商品零售量规模为 351.4 万台，同比大幅下降 46.25%，零售额规模为 24 亿元，同比大幅下降 18.75%。各大品牌通过开拓网上商城、入驻电商平台等方式大幅度增加销量。目前我国取暖器销量最高的两个品牌分别为美的和格力，市场占有率达到 21.8% 和 11.66%。

（三）产业发展趋势

随着我国新冠肺炎疫情防控工作取得显著成效，我国电暖器行业发展也逐渐回到正常轨道。疫情导致大量企业员工采用居家办公的方式参与工作，也使得取暖器等居家类小家电产品销量提升。但因为取暖器产品种类和品牌众多且大多数企业较小，各项功能和指标缺乏国家统一标准，所以性能质量

---

① 徐雨辰：《没暖气也不怕冷？秘诀是得选对合适的取暖电器》，《家用电器》2020 年第 11 期，第 16～17 页。

② 赵阳：《冬日里的一道暖阳 2020 最火的电暖器有哪些》，《家用电器》2020 年第 12 期，第 14～17 页。

差异很大。工业和信息化部发布的《关于加快中国家用电器行业转型升级的指导意见》指出，重点目标应放在提升自主创新能力、提高国际影响力、优化利用资源几个方面。随着国家标准与相关政策的健全，取暖器产品朝着生产标准化、质量统一化、使用安全化的方向发展。

二　品牌质量安全国家监督抽查情况

本报告的相关数据来源主要是近五年的全国 31 个省份市场监督管理局官方网站和国家市场监督管理总局的市场抽检情况报告。根据抽检数据从时域、地域、不合格项三个方面对取暖器产品质量安全问题进行分析。

（一）数据时域统计分析

通过对近五年抽检通告进行统计分析，从抽检结果来看（见表1），取暖器产品不合格率较高，但产品质量正在逐步提高。

表1　2019~2020 年取暖器产品国家监督抽查情况

年份	抽查批次（个）	不合格批次（个）	不合格率（%）
2016	330	160	48.48
2017	185	133	71.89
2018	63	5	7.94
2019	760	150	19.74
2020	125	21	16.80

资料来源：原国家质量监管总局取暖器产品抽检报告。

从表1可以看出，2018 年广东发生特大暴雨灾害、长江中下游连续暴雨、我国多地遭受洪涝灾害影响，使得市场监督管理局抽检行为减少，因此2018 年抽检较少。2019 年抽检 760 批次，其中不合格为 150 批次，不合格率达到 19.74%；2020 年共抽检 125 批次，其中不合格为 21 批次，不合格率为 16.80%。除去 2018 年抽检批次较少以外，从其余四年来看，取暖器的合格率总体呈上升趋势。随着监管制度逐渐严格，国家标准逐渐健全，取暖器产品的质量也逐渐提高。随着市场发展，大企业生产的产品安全性较高，小作坊生产的劣质产品达不到国家标准，小企业、小作坊被淘汰出市场，取暖器产品质量在逐年上升。

（二）数据地域统计分析

为了探求各省份取暖器产品质量情况，对抽检数据进行地域分析，采用近五年各省份抽检数据进行统计分析，对抽检批次排名前十的省份进行统计，按照不合格率进行排名比较，可得不合格率排名前十的省份（见图1）。

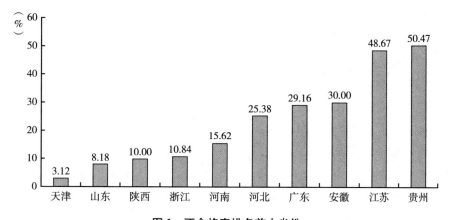

图1 不合格率排名前十省份

资料来源：原国家质量监管总局取暖器产品抽检报告。

由图1可以看出，在抽检批次较多的十个省份中，贵州省和江苏省取暖器产品不合格率较高，分别达到了50.47%与48.67%。天津市、山东省不合格率较低，均在10%以下。基于地域进行数据分析，可以发现我国抽检数据较多的省份大多为东南沿海发达地区，可以看出东南沿海地区对于取暖器产品安全性的重视程度，但是其仍然没有使产品的不合格率保持在较低的水平。天津市不合格率为3.12%，可以看出当地相关部门对取暖器产品质量要求较高，并且对取暖器产品监管与惩罚力度较大，使流通领域取暖器产

品能保持较高质量。贵州省电暖器产品不合格率较高，达到50.47%，贵州省小作坊式生产电暖器产品较多，员工质量意识较差，为了达到较低生产成本，使用劣质原材料进行生产，产品达不到国家标准，相关部门应加大培训与监管力度，提高员工质量意识，推动小家电产业发展。

（三）产品不合格项统计分析

产品的不合格项可以体现出电暖器产品的哪些项目导致不合格率较高，针对这些项目进行改进能较大程度提高产品质量。对近五年31个省份抽检数据的不合格项进行分析，得出排名前十的不合格项（见图2）。

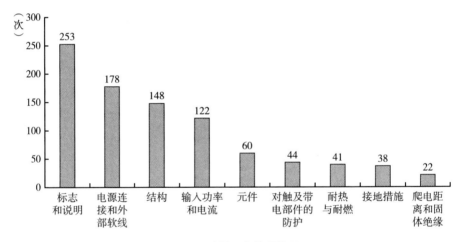

图2 取暖器不合格项数目

资料来源：原国家质量监管总局取暖器产品抽检报告。

由图2可以看出，取暖器主要存在标志和说明、电源连接和外部软线、结构、输入功率和电流、元件、对触及带电部件的防护等方面的影响产品质量安全的风险。标志和说明不合格项数目最多，达到253次，部分企业生产取暖器产品时，在标志的内容、标识的方法、符号的使用方面不规范，例如未标示额定输入功率或额定电压等，致使使用者使用不规范，引发事故。电源连接和外部软线不合格项数目达到178次，此类连接线是器具接通电源和工作的重要部件，部分企业包装不符合标准，导致电源线和外部软线出现松动等问题，使使用者使用时有触电的风险。结构不合格项数目达到 148 次，取暖器的结构是否符合标准对于产品安全性影响重大，结构不符合标准会使产品安全性较低，增大事故发生的概率。针对不合格项数目较多的项目进行改进，能大幅度提升产品质量，降低事故发生的概率，避免给使用者带来生命财产方面的威胁。

三　取暖器产品品牌安全风险

取暖器产品质量问题及风险要点见表 2。

表 2　取暖器产品质量问题及风险要点

项目	风险要点
标志和说明	标志和说明不合格会影响使用者正常使用取暖器，引发危险。GB 4706.1-2005《家用和类似用途电器的安全 第 1 部分：通用要求》中提出器具应含有额定电压、额定输入功率、制造商名称、商标、系列号等多种标志。若生产厂家未在器具上标出额定电压、额定输入功率等信息，可能会导致使用者操作不当，引发火灾
电源连接和外部接线	电源连接和外部软线是器具接通电源和正常工作的重要部件，国家标准 GB4706.23-2007 规定，电源线需要稳固设置，若设置不稳定会导致导线受损，造成取暖器短路。在企业生产取暖器产品时，包装不规范、使用劣质电源线等原因导致电源线和外部软线松动、损坏。采用劣质电源线会使连接线发热过多，使得降热层损坏，致使取暖器损坏，从而引起火灾
结构	结构不合格主要是电暖器插头部分结构不当，长久使用之后可能会引发插头着火等多种可能。GB 4706.1-2005《家用和类似用途电器的安全 第 1 部分：通用要求》中要求，用于加热液体的器具和引发过度震动的器具不应该提供直接插入输出插座用的插脚。此标准对插头、开关装置等多种结构提出要求。结构不合格，一旦液体外泄易造成触电烫伤事故
输入功率和电流	输入功率与电流是指如果一个器具上标有额定输入功率，器具在正常工作温度下运行，其输入功率与额定输入功率的偏离值不应大于所规定的偏差。抽检数据中，部分不合格产品输入功率对额定输入功率的偏差比较大，导致负载过大，引发火灾、触电等事故
元件	GB 4706.1-2005《家用和类似用途电器的安全 第 1 部分：通用要求》中明确要求，器具不应装有在柔性软线上的开关或自动控制器。当原件出现错误，会导致产品不正常工作，引起取暖器短路，从而引发火灾

四　原因分析及建议

（一）原因分析

我国取暖器生产企业多为家庭式作坊，企业中缺少一批具有必需的专业知识与技术的管理者，相关人员往往对标准的理解认识得不够。员工多是农闲在家的普通农民，文化水平相对较低，质量认同意识比较弱，无法严格遵守国标规范进行生产，这可能是造成抽查合格率偏低的主要原因。此外企业为降低生产成本，增加利润，使用劣质的原材料进行生产，造成产品不符合标准要求。家庭式作坊型企业数量较多，且我国相关标准尚未健全，监管部门的监管难度较大。

很多不合格取暖器引起火灾的原因为所安装的装置未达到国家标准，例如很多取暖器没有安装防漏电等装置，会导致电源长时间发热，或电源线损毁老化引起火灾。同样取暖器发热元件长时间工作、过热，取暖器的线圈盘包线脱漆也会造成发热异常，引起火灾。

电暖器产品功率较大，使用者在使用取暖器产品时操作不规范或使用环境不当，会导致触电、起火等事故的发生。使用者在使用时选择错误的电源，与其他大功率电器使用同一电源，导致取暖器损坏。在离开房间后没有及时关闭取暖器，取暖器与易燃物距离过近，也容易引发火灾。放置在浴室等水较多的环境中，致使电源进水，也容易引起不好的后果。

（二）综合建议

第一，对监管部门的建议。

加大监督力度与惩戒性措施，为所有企业的员工做好相关标准化的培训，提高所有企业人员的产品质量与安全意识。对标志和说明、电源连接和外部软线等不合格项数目较多的项目着重检查，提升整体产品质量。因取暖器产品功率较大，较易引起事故，应尽快健全相关标准，降低产品不合格率。通过媒体宣传、线下活动等途径对取暖器的使用方法进行宣传，提高人们的质量和安全意识。

第二，对消费者的建议。

消费者在购买电暖器产品时应注意选购知名企业生产的名牌产品，一定要选择正规厂家生产的3C认证产品，这些知名企业的电暖器产品质量比较好，并且具有可靠的保养维修服务和安全保障。对产品的标志进行检查，产品的规格、型号、商标均应与产品说明书相符，应当具备生产企业的名称，产品出厂前的检验合格证，执行标准的代号。说明书内容应当有完整清楚的产品安装、运行以及维修指导说明以及在使用产品过程中对防火、抗电击和防止其他造成人身损失或造成危险的必要性说明。使用前检查电源线、电源接口是否完好无损。使用取暖器时，应远离易燃可燃物品，对功率800W电取暖器进行实验可知，将毛巾搭在取暖器上16分钟后，毛巾烤焦，取暖器塑料件变形[①]。因此切勿在电热器上烘烤衣物，使用时应有人看守，离开房间时应该关闭取暖器。针对电热毯等产品使用不当等导致的皮肤出现烫伤，建议消费者使用取暖器时不宜亲密接触，取暖时需警惕低温烫伤[②]。

第三，对生产厂家的建议。

针对生产企业缺少专业知识人员的问题，建议厂家对员工进行培训，使员工对相关标准有进一步的理解。因取暖器产品不合格率较高，生产企业降低成本时应考略到安全问题，生产制造的电暖器不应偷工减料或使用劣质的元器件。应加强企业管理，完善企业内部监管制度，不断提升电暖器产品质量水平。

参考文献

［1］徐雨辰：《没暖气也不怕冷？秘诀是得选对合适的取暖电器》，《家用电器》

---

① 《当心"小太阳"成火源　取暖同时莫忘安全》，《吉林劳动保护》2018年第9期，第41页。
② 韩沐真：《寒冬取暖要当心低温烫伤》，《家庭医学（下半月）》2020年第11期，第41页。

2020 年第 11 期，第 16~17 页。

［2］赵阳：《冬日里的一道暖阳 2020 最火的电暖器有哪些》，《家用电器》2020 年第 12 期，第 14~17 页。

［3］杨璐：《新型电热器具引起火灾的常见原因分析》，《低碳世界》2016 年第 16 期，第 265~266 页。

［4］GB 4706.1—2005《家用和类似用途电器的安全 第 1 部分：通用要求》。

［5］GB 4706.23—2007《家用和类似用途电器的安全 第 2 部分：室内加热器的特殊要求》。

［6］GB 4706.99—2009《家用和类似用途电器的安全 储热式电热暖手器的特殊要求》。

［7］《当心"小太阳"成火源 取暖同时莫忘安全》，《吉林劳动保护》2018 年第 9 期，第 41 页。

［8］韩沐真：《寒冬取暖要当心低温烫伤》，《家庭医学（下半月）》2020 年第 11 期，第 41 页。

B.14
我国校服产品质量安全风险分析[*]

陈进东　徐玥琪　曹丽娜[**]

摘　要： 随着校服行业的快速发展，校服市场呈现供需"两旺"态势，校服监管压力也越来越大。本文选取2016~2020年全国省份市场监督管理局公布的校服产品质量监督抽检报告，分析校服质量存在的主要问题及演化趋势；揭示校服存在绳带安全隐患、面料酸碱失衡、化学物质危害及致癌等质量安全风险，并从化学和物理两个因素方面对造成产品质量安全风险的基本原因进行分析，提出了开展质量评估、发挥市场监管作用、加强质量控制、完善采购验货流程、畅通意见反馈渠道等方面的改进建议，为提高我国校服质量、保障中小学生安全提供参考。

关键词： 学生校服　产品质量　质量监督抽查　安全风险

一　行业总体情况分析

中国校服行业是一个具有十分庞大市场空间的细分板块，它相比于其他服饰市场，具有更天然的需求优势。如图1所示，尽管近9年新增出生人口

---

[*] 本报告为国家重点研发计划项目"面向中小微企业的综合质量服务技术研发与应用"（项目编号：2019YFB1405300）的阶段性成果之一。

[**] 陈进东，北京信息科技大学智能决策与大数据应用北京市国际科技合作基地，研究员；徐玥琪，北京信息科技大学经济管理学院，硕士研究生；曹丽娜，北京信息科技大学，博士后。

增速较慢，但我国人口基数较大，导致新增出生人口总体规模依然庞大，而这部分人将在未来几年内对校服产生需求。

图1　2012~2020年中国出生人口变化情况

资料来源：国家统计局。

我国目前义务教育阶段与高中阶段整体在校学生数量已超过2亿人，校服市场规模已超千亿元大关。如图2所示，随着三孩政策放开，未来在校学生总人数将呈现整体上扬趋势，校服行业市场规模也将呈现上升趋势，预计到2025年国内校服市场规模有望达1500亿~2000亿元。

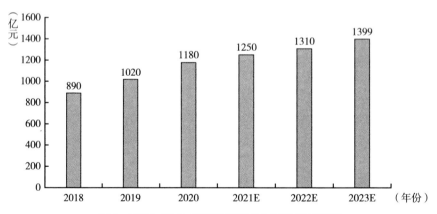

图2　2018~2023年我国校服行业市场规模预测

资料来源：国家统计局。

巨大的校服市场空间,吸引众多服装厂商进入。但由于企业质量参差不齐,近年来包括广东、浙江、上海等地都出现了校服产品不合格,甚至发生可分解致癌染料事件,社会对校服质量的担忧与关注与日俱增。因此有必要对市面上校服安全性进行监督,引导国内校服生产企业规范生产,保证其质量,进而保证消费者使用时的安全性和舒适性,同时提高我国校服的整体质量。[①]

二 品牌质量监督抽查情况分析

(一)数据采集

数据分析从各省份地方市场监督局网站、中国质量新闻网、中国消费网抓取 2016~2020 年公开发布的学生校服产品质量监督抽查情况,抓取内容包括:新闻标题、新闻链接、新闻内容、发布时间等。根据抓取信息进行筛选,若有通告内容,则通过关键词,如"校服""学生服""学生装"进行筛选,若没有通告内容,则根据标题名称通过人工筛选的方式进行核对,最终获取较为全面的校服产品质量监督抽查通告。

数据采集流程如图 3 所示。

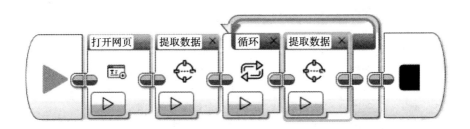

图 3 数据采集流程

---

① 潘波:《以衣载道·修身明德:中小学校服的价值省思与未来趋向》,《中小学管理》2019 年第 8 期,第 5~9 页。

（二）市场监督抽查情况

本次分析主要针对近几年监测到的全国各省份地方市场监督管理局、中国质量新闻网及中国消费网公开发布的学生校服产品质量监督抽查情况，从中整理出56条有关校服的通报，共计5837批次产品进行抽检。据统计，发现不合格的次数有47次，共计1428批次产品不合格，不合格率为24.46%。由各地抽查数据可见，学生校服的质量问题仍然比较严重，各地政府部门的监管力度仍需进一步提高，应进一步加强监督抽查力度，尽可能避免校服安全问题给学生带来的风险。

表1为2019～2020年全国各地对中小学生校服产品质量监督抽查的部分结果。随着校服质量监管力度的加大，前几年反映较多的校服质量安全性能指标甲醛、pH值、可分解致癌芳香胺染料等不合格现象逐渐减少，但一些非安全性质量指标不合格现象仍很普遍，主要表现在纤维含量、绳带要求、色牢度等指标上。

表1 2019～2020全国校服产品监督抽查结果

序号	省份	抽查时间（年份）	抽查总批次（个）	合格批次（个）	合格率（%）	不合格项目
1	北京	2019	49	45	91.8	纤维含量、pH值
2	上海	2019	38	36	94.7	绳带要求、起球
3	上海	2020	42	38	90.5	绳带要求、纤维含量
4	天津	2019	20	16	80	绳带要求、纤维含量、耐湿摩擦色牢度
5	江苏	2020	149	143	96	纤维含量、绳带要求
6	江苏	2019	194	182	93.8	纤维含量、耐摩擦色牢度、绳带要求、pH值
7	浙江	2019	105	101	96.2	纤维含量、绳带要求
8	浙江	2020	113	105	92.9	纤维含量、pH值
9	山东	2019	33	32	97	纤维含量
10	山东	2020	40	40	100	—
11	河南	2019	80	70	87.5	纤维含量、色牢度、pH值
12	辽宁	2019	39	27	69.2	纤维含量、pH值、绳带要求、可分解致癌芳香胺染料、耐湿摩擦色牢度

序号	省份	抽查时间（年份）	抽查总批次（个）	合格批次（个）	合格率（%）	不合格项目
13	山西	2020	88	83	94.3	纤维含量、色牢度
14	青海	2019	14	8	57.1	耐光色牢度、纤维含量、可分解芳香胺染料
15	安徽	2019	35	32	91.4	—
16	贵州	2019	9	8	88.9	绳带要求
17	陕西	2020	30	29	96.7	纤维含量
18	福建	2020	40	39	97.5	接缝强力
19	广东	2020	400	343	85.8	纤维含量、pH 值、耐光色牢度、耐水色牢度、耐酸汗渍色牢度、耐碱汗渍色牢度、绳带要求、接缝强力
20	新疆	2019	167	130	77.8	纤维含量、pH 值、色牢度

资料来源：原国家质量监管总局校服产品抽检报告。

从近两年国家监督抽查和各地方监督抽查数据来看，校服产品整体质量水平有待提高，而且不合格产品大多来源于小型企业的不知名品牌，其所占市场份额很小。中国目前校服生产企业至少有几千家，但由于校服生产从业技术门槛低、价格构成透明、利润不高及季节性生产局限等原因，一些品牌服装企业生产校服的积极性并不高。因此目前校服生产企业以中小企业为主，校服企业品控水平参差不齐，市场集中度非常低。少数企业为了降低成本，不顾校服的安全指标，甚至偷工减料，也有一些企业技术力量薄弱，产品质量水平较低，导致一些问题产品流向了市场。而市场极度分化、竞争者众多，提高了校服企业品控的难度和行业部门的质量监管难度，这也成为校服质量不过关的一大原因。

三　品牌质量安全风险分析

由上述校服产品质量抽查结果分析得出，校服产品的整体质量状况不太乐观，部分企业生产的产品质量存在安全隐患。重点检测项目包括甲醛含量、可分解致癌芳香胺染料、pH 值、异味、染色牢度（耐水、耐汗、耐干

摩擦、耐光、耐湿摩擦）、纤维含量、尺寸变化率/缩水率、撕破强力、起球、织物密度等。相关部门虽然一直依据上述标准对学生校服的质量进行监管，但是学生校服产品质量不合格的事情仍在不断发生。检查不合格项目主要集中在纤维含量、绳带要求、pH 值、耐湿摩擦色牢度、耐光色牢度、接缝强力、起球、可分解致癌芳香胺染料方面。图 4 列出了近两年学生校服质量监督抽查发现的不合格项目发生次数及其出现的频次。

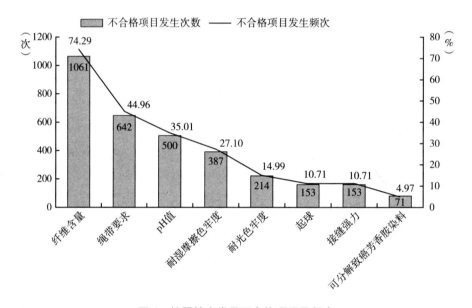

图 4　校服抽查常见不合格项目及频次

资料来源：原国家质量监管总局校服产品抽检报告。

国家标准 GB/T 31888-2015《中小学生校服》规定了学生校服的各项性能参数，通过对标国家标准，从而尽量减少学生在正常穿着校服产品时导致的健康问题。通过对各类媒体平台曝光的产品安全问题及政府开展的监督抽查和风险监测报告进行分析，并结合中小学生可能受到的伤害情况，可以发现以下四类质量安全风险：绳带安全隐患、面料酸碱失衡、化学物质危害、致癌（见表2）。校服产品质量一旦不合格，对学生的身体安全会带来较大的风险，可能危及学生健康安全，因此，校服产品质量是校服产品质量安全的主要风险点。

表 2　校服产品质量问题及风险要点

项目	风险要点
绳带安全隐患	服装绳带设计不合适或不合理容易因上下车或被其他物体钩挂而造成学生的勒伤、缠绊或摔倒等机械安全性危害,严重时可能会使其受伤甚至因勒紧、食管反流、缺氧导致窒息死亡,是危害学生人身安全的一个潜在因子,从而造成学生伤害。2020 年红河州市场监督管理局抽查婴幼儿及儿童纺织产品,监督抽查共计 40 批次,检出 2 批次附件抗拉强力不符合标准要求,对婴幼儿及儿童存在一定的安全隐患,样品腰头绳带未固定,且平摊至最大尺寸时,腰头绳带伸出的长度超过 140mm,超过了强制性标准《婴幼儿及儿童纺织产品安全技术规范》≤140mm 的最高限定值,这样可能会使学生在日常活动中被钩挂而导致受伤情况发生,留下安全隐患①
面料酸碱失衡	由于校服产品在生产前处理和后整理加工过程中,必然会经受各种助剂的上染处理,而助剂的酸碱度对最终产品的 pH 值影响较大,若在皂洗工序或使用前未被清洗干净,则围兜的 pH 值极易超出国家强制标准《婴幼儿及儿童纺织产品安全技术规范》的要求。学生校服的 pH 值过高或过低,可能会在后续使用过程中破坏人体皮肤酸碱度平衡,引起皮肤过敏或感染,使皮肤易受到其他病菌的侵害,对皮肤稚嫩的中小学生有很大危害。淄博某服装有限责任公司生产的涤棉混印染布,国标要求的 pH 标准值为 4.0 ~ 7.5,而实测结果为 9.7,远超国家标准,若学生长期穿戴该类校服,可能会破坏皮肤表面的酸碱平衡,破坏人体免疫力②
化学物质危害	染料属于化学物质,如果染色牢度达不到标准,那么在穿戴过程中水解产生的和未完成交联的染料会慢慢释放出来,容易对人体皮肤产生化学作用,严重的造成健康伤害。人体直接接触时染料的分子和重金属离子等都有可能通过皮肤接触和呼吸两种方式被人体吸收,刺激皮肤黏膜,引发皮肤炎和呼吸道感染,甚至诱发中小学生急性中毒和呼吸衰竭,从而影响人体健康。标准 GB/T 31888《中小学生校服》要求耐湿摩擦色牢度≥3,福建泉州市某制衣有限公司生产的校服产品经检测未达到标准要求,若学生长期穿戴,则会造成人体皮肤红肿,起红疹、红斑,严重时会导致接触性皮炎③

---

① 红河州市场监督管理局:《2020 年度红河州婴幼儿及儿童纺织产品质量监督抽查的情况通报》,(2020 - 12 - 3)[2021 - 8 - 11]. http://www.hh.gov.cn/zfxxgk/fdzdgknr/zdlyxxgk_1/scjgxxgk/scjgzcwj/202012/t20201203_485420.html.

② 《每周质量报告|山东 1 批次婴幼儿服装 PH 不合格 可致皮肤过敏》,齐鲁网(2019 - 3 - 24)[2021 - 8 - 11]. https://baijiahao.baidu.com/s?id=1628883699653036501&wfr=spider&for=pc。

③ 《涉及知名中小学! 中山这 5 所学校校服抽检不合格》,搜狐网(2019 - 7 - 9)[2021 - 8 - 11]. https://www.sohu.com/a/325821838_803888.

续表

项目	风险要点
致癌	若校服产品经检测含有可分解致癌芳香胺染料,则属于严重质量缺陷,影响人体健康。含有可分解致癌芳香胺染料的服装在与人体的长期接触中,可以通过呼吸道、消化道和皮肤进入人体,最终可能损坏肝脏,导致致敏、致癌等问题。上海某针织总厂有限公司生产的校服布料,超过了标准要求的可分解致癌芳香胺染料质量分数每千克≤20毫克的最高限定值,该类服装在特殊条件下可能会分解产生20多种致癌芳香胺,形成致癌芳香胺化合物,对学生健康容易造成严重危害①

四　原因分析及建议

(一)原因分析

综合分析近几年来校服生产企业、市场监管、检测机构及学生家长等方面的信息和意见,可以分析出校服产品质量安全问题的风险因素主要涉及化学因素和物理因素。

1. 化学因素。出现在校服质量方面的问题如面料酸碱失衡、化学物质危害、致癌等,主要是企业在生产过程中把关不严,面料染整工艺落后及染后处理不充分,或选购价低质劣的染料进行生产,造成面料质量安全性能、色牢度等问题,从而造成校服产品的严重质量缺陷,影响学生健康。

2. 物理因素。出现在校服质量方面的问题如绳带安全隐患等,主要是企业对《中小学生学生服》标准的重视不够,或对标准的要求理解不足,导致学生校服的设计、使用的绳带不符合相关标准技术要求。校服到货后的验收工作流于形式,仅仅凭生产企业提供的面料检验报告来代替校方自主验收工作,学校未能很好地检查该批次产品中绳带长度是否符合要求,质量安全责任履职意识严重缺失,为校服产品质量安全风险埋下隐患。

---

① 《长三角10批次校服不合格!涉可分解致癌芳香胺染料、绳带安全等》,《南方都市报》2019年12月27日,https://www.sohu.com/a/363117281_161795。

（二）综合建议

针对本次对 2016～2020 年校服产品质量监督抽查情况的分析以及存在的质量安全风险，为进一步提高校服产品质量、保障学生安全，提出以下几个方面的建议。

1. 开展质量评估专项活动。针对学生校服的四个质量安全风险点（绳带安全隐患、面料酸碱失衡、化学物质危害及致癌）以及易出现质量问题的指标（纤维含量、绳带要求、pH 值、耐湿摩擦色牢度、耐光色牢度、接缝强力、起球、可分解致癌芳香胺染料等），进行有针对性的质量评估专项行动，及时掌握市场上学生校服质量情况，增强专项行动的有效性，建立监测学生校服质量的长效机制，积极引导企业从产品原料、生产工艺等环节来控制质量安全风险，完善企业质量控制制度。

2. 积极发挥市场监管部门的作用。监管部门要通过监督抽查、专项检查、风险监控、质量比对等手段加强对纺织面料等中间产品的监督。鉴于原料品质对学生校服成品的质量有着较大的影响，建议监管部门加强对学生校服原料的监管，从源头上对质量进行把控，减少不合格面料等原材料流向学生校服生产企业，并且提高监管的效率。

3. 加强校服生产关键环节质量控制。企业应在原辅料质量把关、产品质量设计、成品质量验收等关键环节建立质量管理控制程序。进一步建立和完善原辅材料进货验收制度，建立相关质量档案，做好进货验收台账记录，对采购的每一批次原辅材料都应进行检验合格验收；对每一批次集中供货的产品采取内部厂检和外部送检相结合的方式进行出厂合格检验，确保每批次产品符合要求。

4. 完善和规范学生校服的采购、验货流程。学校应建立健全纤维制品采购工作程序，选购正规且有资质厂家的产品，明确相关责任人，建立监督检查机制。要进一步规范合同文本的要求，在采购合同中明确产品名称、款式、价格、数量、质量等级、原料要求、执行标准等内容。进一步加强校服验收管理工作，确保所有批次校服检验合格后才发放给学生使用。对校服的

外观质量及标识进行查看，验明产品的出厂检验报告，查看检验结果是否合格等；做好相关验收记录工作，并将检验报告等相关证明材料归档留存。

5. 畅通意见反馈渠道。加强与相关消费者行业协会联系，普及校服产品中存在的风险危害知识，使各生产企业、订购学校和消费者意识到产品中存在的安全风险，减少随意采购廉价校服的情况发生。学校应该建立和完善家长委员会商事制度，畅通投诉和反馈渠道，及时跟踪学生穿着和使用情况，若学生穿上校服后，出现皮肤红肿瘙痒等不适情况，应及时向市场监督管理部门反映，通过行政监管手段进行处理[①]。

① 阿不都热西提·买买提、王新丽：《质量共治模式下校服质量提升的思考》，《中国纤检》2021年第5期，第48~51页。

附 录
Appendix

一 2020~2021年度重要政策文件涉及
品牌相关内容汇编

（一）国务院有关政策文件

序号	政策名称	发文字号	发布时间	涉及内容
1	国务院关于同意在雄安新区等46个城市和地区设立跨境电子商务综合试验区的批复	国函〔2020〕47号	2020.04.27	统筹推进"五位一体"总体布局，协调推进"四个全面"战略布局，坚持新发展理念，按照党中央、国务院决策部署，复制推广前四批综合试验区成熟经验做法，推动产业转型升级，开展品牌建设，引导跨境电子商务全面发展，全力以赴稳住外贸外资基本盘，推进贸易高质量发展

续表

序号	政策名称	发文字号	发布时间	涉及内容
2	化妆品监督管理条例	中华人民共和国国务院令第727号	2020.06.16	国家鼓励和支持开展化妆品研究、创新,满足消费者需求,推进化妆品品牌建设,发挥品牌引领作用
3	国务院关于促进国家高新技术产业开发区高质量发展的若干意见	国发〔2020〕7号	2020.07.13	引导国家高新区内企业进一步加大研发投入,建立健全研发和知识产权管理体系,加强商标品牌建设,提升创新能力
4	国务院关于印发北京、湖南、安徽自由贸易试验区总体方案及浙江自由贸易试验区扩展区域方案的通知	国发〔2020〕10号	2020.08.30	支持设立国际产品标准中心和行业技术标准中心(秘书处),推动技术、标准、服务、品牌走出去
5	中共中央、国务院关于抓好"三农"领域重点工作确保如期实现全面小康的意见		2020.01.02	继续调整优化农业结构,加强绿色食品、有机农产品、地理标志农产品认证和管理,打造地方知名农产品品牌,增加优质绿色农产品供给。实施家政服务、养老护理、医院看护、餐饮烹饪、电子商务等技能培训,打造区域性劳务品牌
6	中共中央、国务院关于新时代推进西部大开发形成新格局的指导意见		2020.05.17	在加强保护基础上盘活农村历史文化资源,形成具有地域和民族特色的乡村文化产业和品牌
7	中共中央、国务院关于实现巩固拓展脱贫攻坚成果同乡村振兴有效衔接的意见		2020.12.16	支持脱贫地区培育绿色食品、有机农产品、地理标志农产品,打造区域公用品牌。搭建用工信息平台,培育区域劳务品牌,加大脱贫人口有组织劳务输出力度
8	国务院关于新时代支持革命老区振兴发展的意见	国发〔2021〕3号	2021.01.24	加强绿色食品、有机农产品、地理标志农产品认证和管理,推行食用农产品合格证制度,推动品种培优、品质提升、品牌打造和标准化生产

续表

序号	政策名称	发文字号	发布时间	涉及内容
9	中华人民共和国民办教育促进法实施条例(2021修订)	中华人民共和国国务院令第741号	2021.04.07	公办学校举办或者参与举办民办学校,不得利用国家财政性经费,不得影响公办学校教学活动,不得仅以品牌输出方式参与办学,并应当经其主管部门批准
10	国务院关于印发"十四五"残疾人保障和发展规划的通知	国发〔2021〕10号	2021.07.08	培育"集善工程""通向明天"等残疾人慈善事业品牌
11	国务院关于印发全民健身计划(2021~2025年)的通知	国发〔2021〕11号	2021.07.18	支持各地利用自身资源优势培育全民健身赛事活动品牌,鼓励京津冀、长三角、粤港澳大湾区、成渝地区双城经济圈等区域联合打造全民健身赛事活动品牌,促进区域间全民健身协同发展
12	国务院关于支持北京城市副中心高质量发展的意见	国发〔2021〕15号	2021.08.21	建设体育公园,打造全民健身新载体,支持举办国内外品牌体育赛事,支持足球、篮球等顶级职业运动俱乐部在城市副中心落户
13	国务院关于印发"十四五"就业促进规划的通知	国发〔2021〕14号	2021.08.23	培育一批有地域特色、行业特征、技能特点,带动农村劳动力就业效果好的劳务品牌
14	国务院关于印发中国妇女发展纲要和中国儿童发展纲要的通知(2021)	国发〔2021〕16号	2021.09.08	积极主办和参与涉及妇女议题的各类国际会议,推动发展妇女民间外交,持续打造我国妇女人文交流品牌,在国际舞台上展现中国形象
15	国务院关于印发"十四五"国家知识产权保护和运用规划的通知	国发〔2021〕20号	2021.10.09	当前,知识产权对激励创新、打造品牌、规范市场秩序、扩大对外开放正发挥越来越重要的作用,但我国知识产权工作还面临不少问题和短板,主要表现为:关键核心技术领域高质量知识产权创造不足,行政执法和司法衔接机制不够完善,知识产权侵权易多发和侵权易、维权难的现象仍然存在,知识产权转移转化成效有待提高,知识产权服务供给不够充分,

续表

序号	政策名称	发文字号	发布时间	涉及内容
15	国务院关于印发"十四五"国家知识产权保护和运用规划的通知	国发〔2021〕20号	2021.10.09	海外知识产权纠纷应对能力不足,实施商标品牌战略,加强驰名商标保护,提升品牌国际影响力。 开展品牌价值提升行动,培育一批国际化、市场化、专业化知识产权服务机构。 持续做好全国知识产权宣传周、中国知识产权年会等品牌宣传活动
16	国务院关于加快构建新型农业经营体系推动小农户和现代农业发展有机衔接情况的报告			实施农业生产"三品一标"提升行动,推进品种培优、品质提升、品牌打造和标准化生产,让小农户分享质量提升和品牌增值收益

（二）国务院办公厅有关政策文件

序号	政策名称	发文字号	发布时间	涉及内容
1	国务院办公厅关于促进畜牧业高质量发展的意见	国办发〔2020〕31号	2020.09.14	鼓励畜禽养殖龙头企业发挥引领带动作用,与养殖专业合作社、家庭牧场紧密合作,通过统一生产、统一服务、统一营销、技术共享、品牌共创等方式,形成稳定的产业联合体
2	国务院办公厅关于全面加强新时代语言文字工作的意见	国办发〔2020〕30号	2020.09.14	推动中华经典诵读海外传播,打造交流品牌
3	国务院办公厅关于以新业态新模式引领新型消费加快发展的意见	国办发〔2020〕32号	2020.09.16	组织开展形式多样的网络促销活动,促进品牌消费、品质消费

序号	政策名称	发文字号	发布时间	涉及内容
4	国务院办公厅关于加强全民健身场地设施建设发展群众体育的意见	国办发〔2020〕36号	2020.09.30	依托该平台,运用市场化方式打造"全国社区运动会"品牌,鼓励各地区正在开展或拟开展的线上、线下社区赛事活动自愿加入平台,为相关活动提供组织管理、人才技术等方面支撑,提高全民健身公共服务智能化、信息化、数字化水平
5	国务院办公厅关于印发新能源汽车产业发展规划(2021~2035年)的通知	国办发〔2020〕39号	2020.10.20	力争经过15年的持续努力,我国新能源汽车核心技术达到国际先进水平,质量品牌具备较强国际竞争力
6	国务院办公厅关于加强石窟寺保护利用工作的指导意见	国办发〔2020〕41号	2020.10.23	策划一批石窟寺文物外展精品项目,塑造中国石窟寺文化传播品牌,共同保护和传承人类优秀文明成果
7	国务院办公厅关于推进对外贸易创新发展的实施意见	国办发〔2020〕40号	2020.10.25	引导企业创新对外合作方式,优化资源、品牌和营销渠道
8	国务院办公厅关于建设第三批大众创业万众创新示范基地的通知	国办发〔2020〕51号	2020.12.09	探索搭建创新创业国际化平台,深度参与全球创新创业合作,创新国际合作模式,培育创新创业国际化品牌,不断拓展创新创业国际合作空间
9	国务院办公厅关于促进养老托育服务健康发展的意见	国办发〔2020〕52号	2020.12.14	健全以企业为主体的创新体系,鼓励采用新技术、新工艺、新材料、新装备,增强以质量和信誉为核心的品牌意识,建立健全企业知识产权管理体系,推进高价值专利培育和商标品牌建设,培育养老托育服务、乳粉奶业、动画设计与制作等行业民族品牌
10	国务院办公厅印发关于加快中医药特色发展若干政策措施的通知	国办发〔2021〕3号	2021.01.22	国医大师、名老中医、岐黄学者等名医团队入驻名医堂的,实行创业扶持、品牌保护、自主执业、自主运营、自主培养、自负盈亏综合政策,打造一批名医团队运营的精品中医机构

续表

序号	政策名称	发文字号	发布时间	涉及内容
11	国务院办公厅转发国家发展改革委等部门关于推动城市停车设施发展意见的通知	国办函〔2021〕46号	2021.05.07	支持停车装备制造企业强化自主创新,加强机械式停车装备等研发,打造自主品牌
12	国务院办公厅关于加快发展外贸新业态新模式的意见	国办发〔2021〕24号	2021.07.02	鼓励跨境电商平台、经营者、配套服务商等各类主体做大做强,加快自主品牌培育
13	国务院办公厅关于印发全国深化"放管服"改革着力培育和激发市场主体活力电视电话会议重点任务分工方案的通知	国办发〔2021〕25号	2021.07.11	增加车检服务供给,探索允许具备资质、信用良好的汽车品牌服务企业提供非营运小型车辆维修、保养、检测"一站式"服务,加强对伪造检测结果等违法违规行为的监管和查处
14	国务院办公厅关于完善科技成果评价机制的指导意见	国办发〔2021〕26号	2021.07.16	培育高水平的社会力量科技奖励品牌,政府加强事中事后监督,提高科技奖励整体水平
15	国务院办公厅关于加快农村寄递物流体系建设的意见	国办发〔2021〕29号	2021.07.29	鼓励各地区深入推进"四好农村路"和城乡交通运输一体化建设,合理配置城乡交通资源,完善农村客运班车代运邮件快件合作机制,宣传推广农村物流服务品牌
16	国务院办公厅关于进一步规范财务审计秩序促进注册会计师行业健康发展的意见	国办发〔2021〕30号	2021.07.30	着力培育一批国内领先、国际上有影响力的会计师事务所,助力更多自主品牌会计师事务所走向世界

序号	政策名称	发文字号	发布时间	涉及内容
17	国务院办公厅关于进一步支持大学生创新创业的指导意见	国办发〔2021〕35号	2021.09.22	打造一批高校创新创业培训活动品牌,创新培训模式,面向大学生开展高质量、有针对性的创新创业培训,提升大学生创新创业能力
18	国务院办公厅转发国家发展改革委关于推动生活性服务业补短板上水平提高人民生活品质若干意见的通知	国办函〔2021〕103号	2021.10.13发布	推动各地在养老、育幼、文化、旅游、体育、家政等领域培育若干特色鲜明的服务品牌。 深入实施商标品牌战略,健全以产品、企业、区域品牌为支撑的品牌体系。 引导各地多形式多渠道加强优质服务品牌推介
19	国务院办公厅关于鼓励和支持社会资本参与生态保护修复的意见	国办发〔2021〕40号	2021.10.25	参与河道保护和治理,在水资源利用等产业中依法优先享有权益;参与外来入侵物种防治、生物遗传资源可持续利用,推广应用高效诱捕、生物天敌等实用技术;开展产品认证、生态标识、品牌建设等工作。 开展生态保护修复品牌建设,充分利用各类媒体平台,提升传播力和影响力,增强社会资本参与的获得感和荣誉感,促进全社会关心支持生态保护修复事业,共同推进美丽中国建设
20	国务院办公厅关于印发"十四五"文物保护和科技创新规划的通知	国办发〔2021〕43号	2021.10.28	完善文化文物单位文化创意产品开发机制,推广文物资源相关知识产权和品牌授权操作指引,支持形成一批具有影响力的文化创意品牌
21	国务院办公厅关于印发"十四五"冷链物流发展规划的通知	国办发〔2021〕46号	2021.11.26	助力打造产地农产品品牌

二　2020～2021年度品牌相关政策文件汇编

（一）部委规范性文件

政策	发布部门	发文字号	发布日期	实施日期
教育部、山东省人民政府关于整省推进提质培优建设职业教育创新发展高地的意见	教育部	鲁政发〔2020〕3号	2020.01.10	2020.01.10
国家发展改革委、中央网信办、科技部等关于印发《智能汽车创新发展战略》的通知	国家发展和改革委员会（含原国家发展计划委员会、原国家计划委员会）；中央网络安全和信息化委员会办公室；科学技术部；工业和信息化部；公安部；财政部；自然资源部；住房和城乡建设部；交通运输部；商务部；国家市场监督管理总局	发改产业〔2020〕202号	2020.02.10	2020.02.10
水利部印发关于加强水利团体标准管理工作的意见的通知	水利部	水国科〔2020〕16号	2020.02.11	2020.02.11
商务部关于应对新冠肺炎疫情做好稳外贸稳外资促消费工作的通知	商务部	商综发〔2020〕30号	2020.02.18	2020.02.18
科技部办公厅关于印发《境外培训机构合作指南》的通知	科学技术部	国科办智〔2020〕10号	2020.02.24	2020.02.24

政策	发布部门	发文字号	发布日期	实施日期
国家发展改革委、中央宣传部、教育部等关于促进消费扩容提质加快形成强大国内市场的实施意见	国家发展和改革委员会（含原国家发展计划委员会、原国家计划委员会）；中共中央宣传部；教育部；工业和信息化部；公安部；民政部；财政部；人力资源和社会保障部；自然资源部；生态环境部；住房和城乡建设部；交通运输部；农业农村部；商务部；文化和旅游部；国家卫生健康委员会；中国人民银行；海关总署；国家税务总局；国家市场监督管理总局；国家广播电视总局；国家体育总局；中国证券监督管理委员会	发改就业〔2020〕293号	2020.02.28	2020.02.28
商务部办公厅关于进一步做好推荐申报国际消费中心城市培育建设试点工作的通知	商务部	商办运函〔2020〕76号	2020.03.03	2020.03.03
国家发展改革委办公厅、农业农村部办公厅关于多措并举促进禽肉水产品扩大生产保障供给的通知	国家发展和改革委员会（含原国家发展计划委员会、原国家计划委员会）；农业农村部	发改办农经〔2020〕222号	2020.03.18	2020.03.18
司法部公共法律服务管理局、司法部律师工作局、司法部法律援助中心等关于做好2020年度"1+1"中国法律援助志愿者行动组织实施工作的通知（附："1+1"中国法律援助志愿者行动2020年度实施与管理办法）	司法部；中华全国律师协会；中国法律援助基金会	中法援基联发〔2020〕2号	2020.03.18	2020.03.18

续表

政策	发布部门	发文字号	发布日期	实施日期
商务部办公厅、国家发展改革委办公厅、国家卫生健康委办公厅关于支持商贸流通企业复工营业的通知	商务部;国家发展和改革委员会(含原国家发展计划委员会、原国家计划委员会);国家卫生健康委员会	商办服贸函〔2020〕103号	2020.03.19	2020.03.19
商务部办公厅关于推动步行街加快恢复正常营业秩序的通知	商务部	商办流通函〔2020〕111号	2020.03.26	2020.03.26
工业和信息化部办公厅、民政部办公厅关于开展志愿服务促进中小企业发展的指导意见	工业和信息化部;民政部	工信厅联企业〔2020〕12号	2020.03.27	2020.03.27
农业农村部办公厅关于印发《稻渔综合种养生产技术指南》的通知	农业农村部	农办渔〔2020〕11号	2020.03.31	2020.03.31
司法部律师工作局、中华全国律师协会、中国法律援助基金会关于做好2020年"援藏律师服务团"活动组织实施工作的通知(附:"援藏律师服务团"活动实施与管理办法)	司法部;中华全国律师协会;中国法律援助基金会	中法援基联发〔2020〕3号	2020.03.31	2020.03.31
文化和旅游部办公厅关于修订印发《国家全域旅游示范区验收、认定和管理实施办法(试行)》和《国家全域旅游示范区验收标准(试行)》的通知(2020)	文化和旅游部	办资源发〔2020〕30号	2020.04.08	2020.04.08
商务部等8部门关于进一步做好供应链创新与应用试点工作的通知	商务部;工业和信息化部;生态环境部;农业农村部;中国人民银行;国家市场监督管理总局;中国银行保险监督管理委员会;中国物流与采购联合会	商建函〔2020〕111号	2020.04.10	2020.04.10

政策	发布部门	发文字号	发布日期	实施日期
农业农村部关于加快农产品仓储保鲜冷链设施建设的实施意见	农业农村部	农市发〔2020〕2号	2020.04.13	2020.04.13
农业农村部办公厅关于印发《社会资本投资农业农村指引》的通知	农业农村部	农办计财〔2020〕11号	2020.04.13	2020.04.13
商务部办公厅关于创新展会服务模式 培育展览业发展新动能有关工作的通知	商务部		2020.04.13	2020.04.13
农业农村部、财政部关于做好2020年农业生产发展等项目实施工作的通知	农业农村部;财政部	农计财发〔2020〕3号	2020.04.14	2020.04.14
商务部关于统筹推进商务系统消费促进重点工作的指导意见	商务部	商消费发〔2020〕82号	2020.04.22	2020.04.22
公安部公布打击制假售假犯罪十大典型案例	公安部		2020.04.22	2020.04.22
商务部办公厅关于加快推动品牌连锁便利店发展工作的通知	商务部		2020.04.24	2020.04.24
教育部办公厅关于进一步组织动员民办教育机构积极参与教育脱贫攻坚战的通知	教育部	教发厅函〔2020〕19号	2020.04.24	2020.04.24
司法部办公厅关于印发《关于开展"法援惠民生 扶贫奔小康"品牌活动的实施方案》的通知	司法部		2020.05.06	2020.05.06
国家发展改革委、国务院台办、工业和信息化部等关于应对疫情统筹做好支持台资企业发展和推进台资项目有关工作的通知	国家发展和改革委员会（含原国家发展计划委员会、原国家计划委员会）;国务院台湾事务办公室;工业和信息化部;财政部;人力资源和社会保障部;自然资源部;商务部;中国人民银行;中国银行保险监督管理委员会;中国证券监督管理委员会	发改厅〔2020〕755号	2020.05.15	2020.05.15

续表

政策	发布部门	发文字号	发布日期	实施日期
交通运输部关于湖南省开展城乡客运一体化等交通强国建设试点工作的意见	交通运输部	交规划函〔2020〕340号	2020.05.20	2020.05.20
交通运输部关于河南省开展"四好农村路"高质量发展等交通强国建设试点工作的意见	交通运输部	交规划函〔2020〕339号	2020.05.20	2020.05.20
国家发展改革委、公安部、财政部等关于进一步优化发展环境 促进生鲜农产品流通的实施意见	国家发展和改革委员会(含原国家发展计划委员会、原国家计划委员会);公安部;财政部;自然资源部;生态环境部;住房和城乡建设部;交通运输部;农业农村部;商务部;国家税务总局;国家市场监督管理总局;中国银行保险监督管理委员会	发改经贸〔2020〕809号	2020.05.24	2020.05.24
交通运输部关于印发《内河航运发展纲要》的通知	交通运输部	交规划发〔2020〕54号	2020.05.29	2020.05.29
生态环境部办公厅、农业农村部办公厅、国务院扶贫办综合司关于以生态振兴巩固脱贫攻坚成果进一步推进乡村振兴的指导意见(2020~2022年)	生态环境部;农业农村部;国务院扶贫办	环办科财〔2020〕13号	2020.06.04	2020.06.04
农业农村部办公厅关于印发《农业生产托管服务合同示范文本》的通知	农业农村部	农办经〔2020〕3号	2020.06.04	2020.06.04
农业农村部办公厅关于进一步加强农产品仓储保鲜冷链设施建设工作的通知	农业农村部	农办市〔2020〕8号	2020.06.09	2020.07.01
体育总局、教育部、公安部等关于促进和规范社会体育俱乐部发展的意见	国家体育总局;教育部;公安部;民政部;人力资源和社会保障部;国家卫生健康委员会;应急管理部;国家市场监督管理总局	体规字〔2020〕2号	2020.06.11	2020.06.11

政策	发布部门	发文字号	发布日期	实施日期
农业农村部、国家发展改革委、教育部等关于深入实施农村创新创业带头人培育行动的意见	农业农村部;国家发展和改革委员会(含原国家发展计划委员会、原国家计划委员会);教育部;科学技术部;财政部;人力资源和社会保障部;自然资源部;退役军人事务部;中国银行保险监督管理委员会	农产发〔2020〕3号	2020.06.13	2020.06.13
人力资源和社会保障部、财政部、国务院扶贫办关于进一步做好就业扶贫工作的通知	人力资源和社会保障部;财政部;国务院扶贫办	人社部发〔2020〕48号	2020.06.17	2020.06.17
交通运输部关于湖北省开展现代内河航运建设等交通强国建设试点工作的意见	交通运输部	交规划函〔2020〕411号	2020.06.17	2020.06.17
交通运输部关于新疆维吾尔自治区开展交通运输高水平对外开放等交通强国建设试点工作的意见	交通运输部	交规划函〔2020〕409号	2020.06.17	2020.06.17
农业农村部办公厅关于国家农业科技创新联盟建设的指导意见	农业农村部	农办科〔2020〕12号	2020.06.29	2020.06.29
工业和信息化部、发展改革委、科技部等关于健全支持中小企业发展制度的若干意见	工业和信息化部;国家发展和改革委员会(含原国家发展计划委员会、原国家计划委员会);科学技术部;财政部;人力资源和社会保障部;生态环境部;农业农村部;商务部;文化和旅游部;中国人民银行;海关总署;国家税务总局;国家市场监督管理总局;国家统计局;中国银行保险监督管理委员会;中国证券监督管理委员会;国家知识产权局	工信部联企业〔2020〕108号	2020.07.03	2020.07.03

续表

政策	发布部门	发文字号	发布日期	实施日期
国家发展改革委、中央网信办、工业和信息化部等关于支持新业态新模式健康发展激活消费市场带动扩大就业的意见	国家发展和改革委员会（含原国家发展计划委员会、原国家计划委员会）；中央网络安全和信息化委员会办公室；工业和信息化部；教育部；人力资源和社会保障部；交通运输部；农业农村部；商务部；文化和旅游部；国家卫生健康委员会；国务院国有资产监督管理委员会；国家市场监督管理总局；国家医疗保障局	发改高技〔2020〕1157号	2020.07.14	2020.07.14
农业农村部办公厅、国家林业和草原局办公室、国家发展改革委办公厅等关于印发《中国特色农产品优势区管理办法（试行）》的通知	农业农村部；国家林业和草原局；财政部；国家发展和改革委员会（含原国家发展计划委员会、原国家计划委员会）；科学技术部；自然资源部；水利部	农办市〔2020〕9号	2020.07.15	2020.07.15
国家发展改革委、工业和信息化部、财政部、人民银行关于做好2020年降成本重点工作的通知	国家发展和改革委员会（含原国家发展计划委员会、原国家计划委员会）；工业和信息化部；财政部；中国人民银行	发改运行〔2020〕1183号	2020.07.18	2020.07.18
教育部、甘肃省人民政府关于整省推进职业教育发展打造"技能甘肃"的意见	教育部	甘政发〔2020〕38号	2020.07.27	2020.07.27
教育部、江西省人民政府关于整省推进职业教育综合改革提质创优的意见	教育部	赣府发〔2020〕16号	2020.07.30	2020.07.30
交通运输部关于江苏省开展品质工程建设等交通强国建设试点工作的意见	交通运输部	交规划函〔2020〕589号	2020.08.24	2020.08.24

政策	发布部门	发文字号	发布日期	实施日期
交通运输部关于浙江省开展构筑现代综合立体交通网络等交通强国建设试点工作的意见	交通运输部	交规划函〔2020〕588号	2020.08.24	2020.08.24
交通运输部关于天津市开展打造世界一流港口等交通强国建设试点工作的意见	交通运输部		2020.08.26	2020.08.26
住房和城乡建设部等部门关于加快新型建筑工业化发展的若干意见	住房和城乡建设部；教育部；科学技术部；工业和信息化部；自然资源部；生态环境部；中国人民银行；国家市场监督管理总局；中国银行保险监督管理委员会	建标规〔2020〕8号	2020.08.28	2020.08.28
教育部关于印发《国家开放大学综合改革方案》的通知	教育部	教职成〔2020〕6号	2020.08.31	2020.08.31
交通运输部关于陕西省开展现代化国际一流航空枢纽建设等交通强国建设试点工作的意见	交通运输部		2020.09.01	2020.09.01
教育部、发展改革委、财政部关于加快新时代研究生教育改革发展的意见	教育部；国家发展和改革委员会（含原国家发展计划委员会、原国家计划委员会）；财政部	教研〔2020〕9号	2020.09.04	2020.09.04
人力资源和社会保障部办公厅关于印发中华人民共和国第一届职业技能大赛竞赛技术规则的通知	人力资源和社会保障部	人社厅发〔2020〕91号	2020.09.04	2020.09.04
工业和信息化部、中国残疾人联合会关于推进信息无障碍的指导意见	工业和信息化部；中国残疾人联合会	工信部联信管〔2020〕146号	2020.09.11	2020.09.11
交通运输部关于深化改革推进船舶检验高质量发展的指导意见	交通运输部	交海法〔2020〕84号	2020.09.11	2020.09.11

续表

政策	发布部门	发文字号	发布日期	实施日期
教育部等八部门关于进一步激发中小学办学活力的若干意见	教育部;中共中央组织部;中共中央宣传部;中央机构编制委员会办公室;国家发展和改革委员会(含原国家发展计划委员会、原国家计划委员会);公安部;财政部;人力资源和社会保障部	教基〔2020〕7号	2020.09.15	2020.09.15
教育部、江苏省人民政府关于整体推进苏锡常都市圈职业教育改革创新打造高质量发展样板的实施意见	教育部	苏政发〔2020〕75号	2020.09.16	2020.09.16
交通运输部关于吉林省开展沿边开放旅游大通道建设等交通强国建设试点工作的意见	交通运输部	交规划函〔2020〕650号	2020.09.16	2020.09.16
教育部、国家文物局关于利用博物馆资源开展中小学教育教学的意见	教育部;国家文物局	文物博发〔2020〕30号	2020.09.30	2020.09.30
商务部关于印发《出口许可证申请签发使用工作规范》的通知(2020修订)	商务部	商配规发〔2020〕209号	2020.09.30	2020.10.30
交通运输部关于安徽省开展推进皖南交旅融合发展等交通强国建设试点工作的意见	交通运输部	交规划函〔2020〕697号	2020.10.10	2020.10.10
交通运输部关于福建省开展苏区老区"四好农村路"高质量发展等交通强国建设试点工作的意见	交通运输部	交规划函〔2020〕695号	2020.10.10	2020.10.10
交通运输部关于上海市开展推进长三角交通一体化等交通强国建设试点工作的意见	交通运输部	交规划函〔2020〕693号	2020.10.10	2020.10.10

政策	发布部门	发文字号	发布日期	实施日期
国家发展改革委、科技部、工业和信息化部等关于支持民营企业加快改革发展与转型升级的实施意见	国家发展和改革委员会（含原国家发展计划委员会、原国家计划委员会）；科学技术部；工业和信息化部；财政部；人力资源和社会保障部；中国人民银行	发改体改〔2020〕1566号	2020.10.14	2020.10.14
交通运输部关于山西省开展交通运输与旅游融合发展等交通强国建设试点工作的意见	交通运输部	交规划函〔2020〕712号	2020.10.16	2020.10.16
科技部、国家发展改革委、工业和信息化部等关于印发《长三角G60科创走廊建设方案》的通知	科学技术部；国家发展和改革委员会（含原国家发展计划委员会、原国家计划委员会）；工业和信息化部；中国人民银行；中国银行保险监督管理委员会；中国证券监督管理委员会	国科发规〔2020〕287号	2020.10.27	2020.10.27
交通运输部关于中国邮政集团有限公司开展邮政快递枢纽优化提升等交通强国建设试点工作的意见	交通运输部	交规划函〔2020〕789号	2020.10.31	2020.10.31
交通运输部关于厦门市开展综合交通枢纽辐射能力提升等交通强国建设试点工作的意见	交通运输部	交规划函〔2020〕788号	2020.10.31	2020.10.31
交通运输部关于内蒙古自治区开展交通运输高水平对外开放等交通强国建设试点工作的意见	交通运输部	交规划函〔2020〕787号	2020.10.31	2020.10.31
交通运输部关于中国交通建设集团有限公司开展综合交通基础设施全产业链一体化实施能力提升等交通强国建设试点工作的意见	交通运输部	交规划函〔2020〕786号	2020.10.31	2020.10.31

续表

政策	发布部门	发文字号	发布日期	实施日期
农业农村部、科技部、财政部等关于推进返乡入乡创业园建设 提升农村创业创新水平的意见	农业农村部;科学技术部;财政部;人力资源和社会保障部;自然资源部;商务部;中国银行保险监督管理委员会	农产发〔2020〕5号	2020.11.07	2020.11.07
财政部关于国有金融机构聚焦主业、压缩层级等相关事项的通知	财政部	财金〔2020〕111号	2020.11.17	2020.11.17
财政部关于印发《金融机构国有股权董事议案审议操作指引(2020年修订版)》的通知	财政部	财金〔2020〕110号	2020.11.17	2020.11.17
文化和旅游部关于推动数字文化产业高质量发展的意见	文化和旅游部	文旅产业发〔2020〕78号	2020.11.18	2020.11.18
国家发展改革委、国家林草局、科技部等关于科学利用林地资源 促进木本粮油和林下经济高质量发展的意见	国家发展和改革委员会(含原国家发展计划委员会、原国家计划委员会);国家林业和草原局;科学技术部;财政部;自然资源部;农业农村部;中国人民银行;国家市场监督管理总局;中国银行保险监督管理委员会;中国证券监督管理委员会	发改农经〔2020〕1753号	2020.11.18	2020.11.18
住房城乡建设部、发展改革委、民政部等关于推动物业服务企业发展居家社区养老服务的意见	住房和城乡建设部;国家发展和改革委员会(含原国家发展计划委员会、原国家计划委员会);民政部;国家卫生健康委员会;国家医疗保障局;全国老龄工作委员会	建房〔2020〕92号	2020.11.24	2020.11.24

政策	发布部门	发文字号	发布日期	实施日期
文化和旅游部、发展改革委、教育部等关于深化"互联网+旅游"推动旅游业高质量发展的意见	文化和旅游部;国家发展和改革委员会(含原国家发展计划委员会、原国家计划委员会);教育部;工业和信息化部;公安部;财政部;交通运输部;农业农村部;商务部;国家市场监督管理总局	文旅资源发〔2020〕81号	2020.11.30	2020.11.30
教育部、广东省人民政府关于推进深圳职业教育高端发展 争创世界一流的实施意见	教育部	粤府〔2020〕63号	2020.12.01	2020.12.01
国家邮政局、国家发展改革委、交通运输部等关于促进粤港澳大湾区邮政业发展的实施意见	国家邮政局;国家发展和改革委员会(含原国家发展计划委员会、原国家计划委员会);交通运输部;商务部;海关总署	国邮发〔2020〕78号	2020.12.09	2020.12.09
国家发展改革委、商务部关于印发《市场准入负面清单(2020年版)》的通知	国家发展和改革委员会(含原国家发展计划委员会、原国家计划委员会);商务部	发改体改规〔2020〕1880号	2020.12.10	2020.12.10
教育部、浙江省人民政府关于推进职业教育与民营经济融合发展助力"活力温台"建设的意见	教育部	浙政函〔2020〕136号	2020.12.25	2020.12.25
住房和城乡建设部等部门关于加强和改进住宅物业管理工作的通知	住房和城乡建设部;中共中央政法委员会;中央精神文明建设指导委员会办公室;国家发展和改革委员会(含原国家发展计划委员会、原国家计划委员会);公安部;财政部;人力资源和社会保障部;应急管理部;国家市场监督管理总局;中国银行保险监督管理委员会	建房规〔2020〕10号	2020.12.25	2020.12.25

续表

政策	发布部门	发文字号	发布日期	实施日期
自然资源部办公厅关于印发《地理信息公共服务平台管理办法》的通知	自然资源部	自然资办发〔2020〕77号	2020.12.31	2020.12.31
交通运输部、教育部、财政部等关于加强高素质船员队伍建设的指导意见	交通运输部;教育部;财政部;人力资源和社会保障部;退役军人事务部;中华全国总工会	交海发〔2021〕41号	2021	2021
商务部等19部门关于促进对外设计咨询高质量发展有关工作的通知	商务部;外交部;国家发展和改革委员会(含原国家发展计划委员会、原国家计划委员会);教育部;工业和信息化部;财政部;人力资源和社会保障部;生态环境部;住房和城乡建设部;交通运输部;水利部;国务院国有资产监督管理委员会;国家税务总局;国家市场监督管理总局;国家国际发展合作署;中国银行保险监督管理委员会;中国证券监督管理委员会;国家铁路局;中华全国工商业联合会	商合函〔2021〕1号	2021.01.04	2021.01.04
教育部、河南省人民政府关于深化职业教育改革推进技能社会建设的意见	教育部	豫政〔2021〕2号	2021.01.07	2021.01.07
交通运输部关于服务构建新发展格局的指导意见	交通运输部	交规划发〔2021〕12号	2021.01.22	2021.01.22
交通运输部关于印发《农村公路中长期发展纲要》的通知	交通运输部	交规划发〔2021〕21号	2021.02.22	2021.02.22
中国银保监会、财政部、中国人民银行、国家乡村振兴局关于深入扎实做好过渡期脱贫人口小额信贷工作的通知	中国银行保险监督管理委员会;财政部;中国人民银行;国家乡村振兴局	银保监发〔2021〕6号	2021.03.04	2021.03.04

政策	发布部门	发文字号	发布日期	实施日期
农业农村部、国家发展和改革委员会、财政部等关于修订《"菜篮子"市长负责制考核办法实施细则》的通知(2021)	农业农村部;国家发展和改革委员会(含原国家发展计划委员会、原国家计划委员会);财政部;自然资源部;生态环境部;交通运输部;商务部;国家卫生健康委员会;国家市场监督管理总局;中国银行保险监督管理委员会;中国证券监督管理委员会	农市发〔2021〕1号	2021.03.04	2021.03.04
文化和旅游部、发展改革委、财政部关于推动公共文化服务高质量发展的意见	文化和旅游部;国家发展和改革委员会(含原国家发展计划委员会、原国家计划委员会);财政部	文旅公共发〔2021〕21号	2021.03.08	2021.03.08
国家发展改革委、科技部、工业和信息化部等关于依托现有各类园区加强返乡入乡创业园建设的意见	国家发展和改革委员会(含原国家发展计划委员会、原国家计划委员会);科学技术部;工业和信息化部;财政部;人力资源和社会保障部;自然资源部;住房和城乡建设部;商务部;文化和旅游部;中国人民银行;国家税务总局;国家市场监督管理总局;中国银行保险监督管理委员会;中国证券监督管理委员会	发改就业〔2021〕399号	2021.03.10	2021.03.10
国家发展改革委、教育部、科技部等关于加快推动制造服务业高质量发展的意见	国家发展和改革委员会(含原国家发展计划委员会、原国家计划委员会);教育部;科学技术部;工业和信息化部;司法部;人力资源和社会保障部;自然资源部;生态环境部;交通运输部;商务部;中国人民银行;国家市场监督管理总局;中国银行保险监督管理委员会	发改产业〔2021〕372号	2021.03.16	2021.03.16

政策	发布部门	发文字号	发布日期	实施日期
生态环境部办公厅、农业农村部办公厅关于印发《农业面源污染治理与监督指导实施方案(试行)》的通知	生态环境部;农业农村部	环办土壤〔2021〕8号	2021.03.20	2021.03.20
发展改革委、中央网信办、教育部等关于印发《加快培育新型消费实施方案》的通知	国家发展和改革委员会(含原国家发展计划委员会、原国家计划委员会);中央网络安全和信息化委员会办公室;教育部;工业和信息化部;财政部;人力资源和社会保障部;自然资源部;住房和城乡建设部;交通运输部;农业农村部;商务部;文化和旅游部;国家卫生健康委员会;中国人民银行;海关总署;国家税务总局;国家市场监督管理总局;国家广播电视总局;国家体育总局;国家统计局;国家医疗保障局;国家版权局;中国银行保险监督管理委员会;中国证券监督管理委员会;国家邮政局;国家中医药管理局;国家药品监督管理局(已变更);国家知识产权局	发改就业〔2021〕396号	2021.03.22	2021.03.22
财政部、乡村振兴局、发展改革委等关于印发《中央财政衔接推进乡村振兴补助资金管理办法》的通知	财政部;国家乡村振兴局;国家发展和改革委员会(含原国家发展计划委员会、原国家计划委员会);国家民族事务委员会;农业农村部;国家林业和草原局	财农〔2021〕19号	2021.03.26	2021.03.31

政策	发布部门	发文字号	发布日期	实施日期
农业农村部、发展改革委、财政部等关于推动脱贫地区特色产业可持续发展的指导意见	农业农村部;国家发展和改革委员会(含原国家发展计划委员会、原国家计划委员会);财政部;商务部;文化和旅游部;中国人民银行;中国银行保险监督管理委员会;国家林业和草原局;国家乡村振兴局;全国供销合作总社	农规发〔2021〕3号	2021.04.07	2021.04.07
文化和旅游部、国家开发银行关于进一步加大开发性金融支持文化产业和旅游产业高质量发展的意见	文化和旅游部;国家开发银行		2021.04.15	2021.04.15
工业和信息化部、国家发展改革委、科技部关于印发《国家安全应急产业示范基地管理办法(试行)》的通知	工业和信息化部	工信部联安全〔2021〕48号	2021.04.22	2021.05.01
财政部、农业农村部、国家乡村振兴局、中华全国供销合作总社关于印发《关于深入开展政府采购脱贫地区农副产品工作推进乡村产业振兴的实施意见》的通知	财政部;农业农村部;国家乡村振兴局;全国供销合作总社	财库〔2021〕20号	2021.04.24	2021.04.24
水利部、共青团中央、中国科协关于加强水利科普工作的指导意见	水利部;共青团中央;中国科学技术协会		2021.04.25	2021.04.25
商务部、国家中医药管理局等7部门关于支持国家中医药服务出口基地高质量发展若干措施的通知	商务部;国家中医药管理局;外交部;财政部;人力资源和社会保障部;国家国际发展合作署;国家移民管理局	商服贸规发〔2021〕73号	2021.04.27	2021.04.27
财政部关于印发《政府采购需求管理办法》的通知	财政部	财库〔2021〕22号	2021.04.30	2021.07.01

续表

政策	发布部门	发文字号	发布日期	实施日期
财政部关于修订预算管理一体化规范和技术标准有关资产管理内容的通知(2021)	财政部	财办〔2021〕23号	2021.04.30	2021.04.30
人力资源和社会保障部、国家发展改革委、财政部等关于切实加强就业帮扶巩固拓展脱贫攻坚成果助力乡村振兴的指导意见	人力资源和社会保障部;国家发展和改革委员会(含原国家发展计划委员会、原国家计划委员会);财政部;农业农村部;国家乡村振兴局	人社部发〔2021〕26号	2021.05.04	2021.05.04
中央宣传部、国家发展改革委、教育部等印发《关于推进博物馆改革发展的指导意见》的通知	中共中央宣传部;国家发展和改革委员会(含原国家发展计划委员会、原国家计划委员会);教育部;科学技术部;民政部;财政部;人力资源和社会保障部;文化和旅游部;国家文物局	文物博发〔2021〕16号	2021.05.11	2021.05.11
文化和旅游部关于加强旅游服务质量监管提升旅游服务质量的指导意见	文化和旅游部	文旅市场发〔2021〕50号	2021.05.21	2021.05.21
市场监管总局、工业和信息化部、国家发展改革委等关于提升水泥产品质量规范水泥市场秩序的意见	国家市场监督管理总局;工业和信息化部;国家发展和改革委员会(含原国家发展计划委员会、原国家计划委员会);生态环境部;商务部;海关总署;国家知识产权局	国市监质监发〔2021〕30号	2021.05.21	2021.05.21
民政部、国家发展和改革委员会关于印发《"十四五"民政事业发展规划》的通知	民政部;国家发展和改革委员会(含原国家发展计划委员会、原国家计划委员会)	民发〔2021〕51号	2021.05.24	2021.05.24

政策	发布部门	发文字号	发布日期	实施日期
农业农村部关于加快农业全产业链培育发展的指导意见	农业农村部	农产发〔2021〕2号	2021.05.26	2021.05.26
工业和信息化部、中央网信办关于加快推动区块链技术应用和产业发展的指导意见	工业和信息化部;中央网络安全和信息化委员会办公室	工信部联信发〔2021〕62号	2021.05.27	2021.05.27
商务部等12部门关于推进城市一刻钟便民生活圈建设的意见	商务部;国家发展和改革委员会(含原国家发展计划委员会、原国家计划委员会);民政部;财政部;人力资源和社会保障部;自然资源部;住房和城乡建设部;文化和旅游部;国家税务总局;国家市场监督管理总局;中国银行保险监督管理委员会;国家邮政局	商流通函〔2021〕176号	2021.05.28	2021.05.28
交通运输部关于巩固拓展交通运输脱贫攻坚成果全面推进乡村振兴的实施意见	交通运输部	交规划发〔2021〕51号	2021.05.28	2021.01.01
工业和信息化部、科技部、财政部等关于加快培育发展制造业优质企业的指导意见	工业和信息化部;科学技术部;财政部;商务部;国务院国有资产监督管理委员会;中国证券监督管理委员会	工信部联政法〔2021〕70号	2021.06.01	2021.06.01
生态环境部、中央文明办关于推动生态环境志愿服务发展的指导意见	生态环境部;中央精神文明建设指导委员会办公室	环宣教〔2021〕49号	2021.06.02	2021.06.02
交通运输部关于海南省开展环岛旅游公路创新发展等交通强国建设试点工作的意见	交通运输部	交规划函〔2021〕226号	2021.06.07	2021.06.07

续表

政策	发布部门	发文字号	发布日期	实施日期
商务部等17部门关于加强县域商业体系建设 促进农村消费的意见	商务部;中央农村工作领导小组办公室;国家发展和改革委员会(含原国家发展计划委员会、原国家计划委员会);工业和信息化部;公安部;财政部;自然资源部;住房和城乡建设部;交通运输部;农业农村部;文化和旅游部;中国人民银行;国家市场监督管理总局;中国银行保险监督管理委员会;国家邮政局;国家乡村振兴局;全国供销合作总社	商流通发〔2021〕99号	2021.06.11	2021.06.11
财政部、国家粮食和物资储备局关于深入推进优质粮食工程的意见	财政部;国家粮食和物资储备局	财建〔2021〕177号	2021.06.18	2021.06.18
交通运输部、国家邮政局、国家发展改革委等关于做好快递员群体合法权益保障工作的意见	交通运输部;国家邮政局;国家发展和改革委员会(含原国家发展计划委员会、原国家计划委员会);人力资源和社会保障部;商务部;国家市场监督管理总局;中华全国总工会	交邮政发〔2021〕59号	2021.06.23	2021.06.23
文化和旅游部、民政部、财政部等关于印发《关于营造更好发展环境支持民营文艺表演团体改革发展的实施意见》的通知	文化和旅游部;民政部;财政部;人力资源和社会保障部;国家税务总局;国家市场监督管理总局	文旅政法发〔2021〕66号	2021.06.24	2021.06.24
商务部办公厅关于印发《智慧商店建设技术指南(试行)的通知	商务部	商办流通函〔2021〕220号	2021.06.29	2021.06.29

政策	发布部门	发文字号	发布日期	实施日期
住房和城乡建设部关于启用全国住房公积金服务标识的公告	住房和城乡建设部	中华人民共和国住房和城乡建设部公告2021年第116号	2021.07.01	2021.07.01
教育部等八部门关于规范公办学校举办或者参与举办民办义务教育学校的通知	教育部;中央机构编制委员会办公室;国家发展和改革委员会(含原国家发展计划委员会、原国家计划委员会);民政部;财政部;人力资源和社会保障部;自然资源部;住房和城乡建设部	教发〔2021〕9号	2021.07.08	2021.07.08
商务部、生态环境部关于印发《对外投资合作绿色发展工作指引》的通知	商务部;生态环境部	商合函〔2021〕309号	2021.07.09	2021.07.09
交通运输部关于交通运输部职业资格中心开展高素质交通技术技能人才队伍培养等交通强国建设试点工作的意见	交通运输部	交规划函〔2021〕313号	2021.07.26	2021.07.26
教育部、国家文物局关于充分运用革命文物资源加强新时代高校思想政治工作的意见	教育部;国家文物局	文物革发〔2021〕25号	2021.07.27	2021.07.27
农业农村部办公厅关于印发《农产品质量安全信息化追溯管理办法(试行)》及若干配套制度的通知(2021修订)(附:国家追溯平台主体注册管理办法(试行)、国家追溯平台信息员管理办法(试行)、国家追溯平台追溯业务操作规范(试行)、国家追溯平台监管、监测、执法业务操作规范(试行)、国家追溯平台追溯标签管理办法(试行))	农业农村部	农办质〔2021〕14号	2021.07.29	2021.07.29

续表

政策	发布部门	发文字号	发布日期	实施日期
人力资源和社会保障部、国家发展改革委、财政部关于深化技工院校改革 大力发展技工教育的意见	人力资源和社会保障部;国家发展和改革委员会(含原国家发展计划委员会、原国家计划委员会);财政部	人社部发〔2021〕30号	2021.08.12	2021.08.12
退役军人事务部等16部门关于促进退役军人投身乡村振兴的指导意见	退役军人事务部;农业农村部;国家发展和改革委员会(含原国家发展计划委员会、原国家计划委员会);教育部;工业和信息化部;财政部;人力资源和社会保障部;自然资源部;住房和城乡建设部;文化和旅游部;中国人民银行;国家税务总局;国家市场监督管理总局;中国银行保险监督管理委员会;中华全国工商业联合会;国家乡村振兴局	退役军人部发〔2021〕48号	2021.08.16	2021.08.16
文化和旅游部、中央宣传部、国家发展改革委等关于印发《关于进一步推动文化文物单位文化创意产品开发的若干措施》的通知	文化和旅游部;中共中央宣传部;国家发展和改革委员会(含原国家发展计划委员会、原国家计划委员会);财政部;人力资源和社会保障部;国家市场监督管理总局;国家文物局;国家知识产权局	文旅资源发〔2021〕85号	2021.08.17	2021.08.17
商务部关于加强"十四五"时期商务领域标准化建设的指导意见	商务部		2021.08.17	2021.08.17
交通运输部关于北京京东世纪贸易有限公司开展全链条泛在先进智能物流体系建设等交通强国建设试点工作的意见	交通运输部	交规划函〔2021〕428号	2021.08.20	2021.08.20

政策	发布部门	发文字号	发布日期	实施日期
人力资源和社会保障部、国家发展改革委等20部门关于劳务品牌建设的指导意见	国家发展和改革委员会（含原国家发展计划委员会、原国家计划委员会）；教育部；科学技术部；工业和信息化部；民政部；财政部；人力资源和社会保障部；自然资源部；住房和城乡建设部；农业农村部；商务部；文化和旅游部；国家卫生健康委员会；中国人民银行；国家市场监督管理总局；国家广播电视总局；中国银行保险监督管理委员会；中国证券监督管理委员会；国家知识产权局；国家乡村振兴局		2021.08.24	2021.08.24
交通运输部关于青岛市开展打造一流轨道交通产业等交通强国建设试点工作的意见	交通运输部	交规划函〔2021〕472号	2021.08.31	2021.08.31
交通运输部关于黑龙江开展跨境物流体系建设等交通强国建设试点工作的意见	交通运输部	交规划函〔2021〕450号	2021.08.31	2021.08.31
商务部公告2021年第24号——关于废止一批行政规范性文件的公告	商务部	商务部公告2021年第24号	2021.09.01	2021.09.01
交通运输部关于中国建筑集团有限公司开展综合交通枢纽一体化设计、建设、开发与运营等交通强国建设试点工作的意见	交通运输部	交规划函〔2021〕473号	2021.09.01	2021.09.01
农业农村部、国家市场监督管理总局、中华全国供销合作总社关于促进茶产业健康发展的指导意见	农业农村部；国家市场监督管理总局；全国供销合作总社	农产发〔2021〕3号	2021.09.07	2021.09.07

续表

政策	发布部门	发文字号	发布日期	实施日期
中央文明办、民政部、退役军人事务部联合印发《关于加强退役军人志愿服务工作的指导意见》	中央精神文明建设指导委员会办公室;民政部;退役军人事务部		2021.09.07	2021.09.07
商务部关于茧丝绸行业"十四五"发展的指导意见	商务部		2021.09.09	2021.09.09
文化和旅游部办公厅关于进一步加强政策宣传落实支持文化和旅游企业发展的通知	文化和旅游部	办产业发〔2021〕171号	2021.09.16	2021.09.16
农业农村部办公厅、中国农业银行办公室关于金融支持农业产业化联合体发展的意见	农业农村部;中国农业银行	农办产〔2021〕13号	2021.09.24	2021.09.24
市场监管总局、全国工商联、国家发展改革委等关于进一步发挥质量基础设施支撑引领民营企业提质增效升级作用的意见	国家市场监督管理总局;中华全国工商业联合会;国家发展和改革委员会(含原国家发展计划委员会、原国家计划委员会);科学技术部;工业和信息化部;商务部	国市监质发〔2021〕62号	2021.09.28	2021.09.28
民政部关于印发《"十四五"社会组织发展规划》的通知	民政部	民发〔2021〕78号	2021.09.30	2021.09.30
交通运输部关于长安大学开展公路基础设施智能感知技术研发与应用等交通强国建设试点工作的意见	交通运输部	交规划函〔2021〕520号	2021.10.06	2021.10.06
交通运输部关于重庆市增补西部公路水路基础设施高质量发展等交通强国建设试点任务的意见	交通运输部	交规划函〔2021〕516号	2021.10.06	2021.10.06
农业农村部关于推进动物疫病净化工作的意见	农业农村部	农牧发〔2021〕29号	2021.10.07	2021.10.07

政策	发布部门	发文字号	发布日期	实施日期
商务部、中央宣传部等17部门关于支持国家文化出口基地高质量发展若干措施的通知	商务部;中共中央宣传部;外交部;教育部;科学技术部;财政部;人力资源和社会保障部;文化和旅游部;海关总署;国家税务总局;国家广播电视总局;中国银行保险监督管理委员会;国家移民管理局;国家文物局;国家外汇管理局;国家知识产权局;中国国际贸易促进委员会	商服贸函〔2021〕519号	2021.10.12	2021.10.12
财政部关于在政府采购活动中落实平等对待内外资企业有关政策的通知	财政部	财库〔2021〕35号	2021.10.13	2021.10.13
教育部、安徽省人民政府关于整省推进职业教育一体化高质量发展加快技能安徽建设的意见	教育部	皖政秘〔2021〕221号	2021.10.20	2021.10.20
商务部关于"十四五"时期促进药品流通行业高质量发展的指导意见	商务部		2021.10.21	2021.10.21
农业农村部办公厅关于印发《全国"一村一品"示范村镇认定监测管理办法(试行)》的通知	农业农村部	农办产〔2021〕15号	2021.10.22	2021.10.22
农业农村部关于促进农业产业化龙头企业做大做强的意见	农业农村部	农产发〔2021〕5号	2021.10.22	2021.10.22
应急管理部关于印发《企业安全生产标准化建设定级办法》的通知	应急管理部	应急〔2021〕83号	2021.10.27	2021.11.01
人力资源和社会保障部关于印发技工教育"十四五"规划的通知	人力资源和社会保障部	人社部发〔2021〕86号	2021.11.05	2021.11.05

续表

政策	发布部门	发文字号	发布日期	实施日期
人力资源和社会保障部、国家发展改革委、财政部等关于推进新时代人力资源服务业高质量发展的意见	人力资源和社会保障部;国家发展和改革委员会(含原国家发展计划委员会、原国家计划委员会);财政部;商务部;国家市场监督管理总局	人社部发〔2021〕89号	2021.11.08	2021.11.08
国家林业和草原局、国家发展改革委、科技部等关于加快推进竹产业创新发展的意见	国家林业和草原局;国家发展和改革委员会(含原国家发展计划委员会、原国家计划委员会);科学技术部;工业和信息化部;财政部;自然资源部;住房和城乡建设部;农业农村部;中国银行保险监督管理委员会;中国证券监督管理委员会	林改发〔2021〕104号	2021.11.11	2021.11.11
农业农村部关于拓展农业多种功能促进乡村产业高质量发展的指导意见	农业农村部	农产发〔2021〕7号	2021.11.17	2021.11.17
人力资源和社会保障部、国家乡村振兴局关于加强国家乡村振兴重点帮扶县人力资源社会保障帮扶工作的意见	人力资源和社会保障部;国家乡村振兴局	人社部发〔2021〕94号	2021.11.26	2021.11.26
教育部、贵州省人民政府关于建设技能贵州推动职业教育高质量发展的实施意见	教育部	黔府发〔2021〕14号	2021.12.04	2021.12.04
教育部等九部门关于印发《"十四五"学前教育发展提升行动计划》和《"十四五"县域普通高中发展提升行动计划》的通知	教育部;国家发展和改革委员会(含原国家发展计划委员会、原国家计划委员会);公安部;财政部;人力资源和社会保障部;自然资源部;住房和城乡建设部;国家税务总局;国家医疗保障局	教基〔2021〕8号	2021.12.09	2021.12.09

政策	发布部门	发文字号	发布日期	实施日期
人力资源和社会保障部、教育部、发展改革委、财政部关于印发"十四五"职业技能培训规划的通知	人力资源和社会保障部;教育部;国家发展和改革委员会(含原国家发展计划委员会、原国家计划委员会);财政部	人社部发〔2021〕102号	2021.12.15	2021.12.15
文化和旅游部关于推动国家级文化产业园区高质量发展的意见	文化和旅游部	文旅产业发〔2021〕131号	2021.12.21	2021.12.21

序号	政策名称	发布单位	发文字号	发布时间
1	商务部流通发展司关于征集品牌连锁便利店发展典型案例的通知	商务部	商流通司函〔2019〕105号	2019.07.02
2	商务部办公厅关于推动便利店品牌化连锁化发展的工作通知	商务部	商办流通函〔2019〕223号	2019.07.01
3	交通运输部办公厅关于组织开展第四届"寻找运输服务风范人物榜样品牌"活动的通知	交通运输部	交办运函〔2019〕751号	2019.05.26
4	商务部流通发展司关于开展品牌连锁便利店发展情况调查摸底工作的通知	商务部		2019.04.15
5	国家发展改革委关于成立2019年中国品牌日活动组织委员会的通知	国家发展和改革委员会(含原国家发展计划委员会、原国家计划委员会)	发改产业〔2019〕677号	2019.04.14
6	国家发展改革委关于做好2019年中国品牌日活动各项工作的通知	国家发展和改革委员会(含原国家发展计划委员会、原国家计划委员会)	发改产业〔2019〕672号	2019.04.13
7	农业农村部办公厅关于印发《奶业品牌提升实施方案》的通知	农业农村部	农办牧〔2019〕29号	2019.03.22

序号	政策名称	发布单位	发文字号	发布时间
8	国家发展改革委关于组织开展 2019 年中国品牌日活动的通知	国家发展和改革委员会(含原国家发展计划委员会、原国家计划委员会)	发改产业〔2019〕327 号	2019.02.18

(二)地方规范性文件

标题	发布部门	发文字号	发布日期	实施日期
深圳市品牌展会认定办法(2020 修订)	深圳市商务局	深商务规〔2020〕4 号	2020.12.23	2020.12.23
南宁市西乡塘区人民政府关于印发《西乡塘区农业品牌创建奖励实施办法(暂行)》的通知》	西乡塘区人民政府	西府规〔2020〕5 号	2020.12.18	2020.12.18
宁德市人民政府办公室关于印发宁德市区域公用品牌(农产品)管理办法的通知	宁德市人民政府	宁政办〔2020〕107 号	2020.12.02	2020.12.02
丽水市人民政府办公室关于印发推进品牌创建与质量建设若干意见的通知	丽水市人民政府	丽政办发〔2020〕83 号	2020.12.01	2020.12.01
上海市市场监督管理局关于印发《关于加强"上海品牌"认证工作的指导意见》的通知	上海市市场监督管理局	沪市监规范〔2020〕15 号	2020.11.25	2021.01.01
河南省教育厅关于表彰普通高等学校 2020 年"大美学工"十佳优秀学生工作先进单位、优秀学生工作品牌和优秀学生工作者的决定	河南省教育厅	教学〔2020〕461 号	2020.11.25	2020.11.25
昆明市人民政府关于推进"一县一业"打造世界一流"绿色食品牌"的指导意见	昆明市人民政府	昆政发〔2020〕33 号	2020.11.18	2020.11.18

标题	发布部门	发文字号	发布日期	实施日期
合肥市经济和信息化局关于征集《合肥市工业质量品牌"十四五"发展规划》意见的通知	合肥市经济和信息化局		2020.11.11	2020.11.11
酒泉市人民政府办公室关于加快推进农产品品牌发展的实施意见	酒泉市人民政府	酒政办发〔2020〕103号	2020.11.04	2020.11.04
丽水市人民政府办公室关于印发丽水市中心城区教育资源统筹配置和品牌化运作实施意见的通知	丽水市人民政府	丽政办发〔2020〕68号	2020.10.15	2020.10.15
临汾市人民政府办公室关于推进"襄汾烧饼""浮山厨师"等劳务品牌建设的意见	临汾市人民政府	临政办发〔2020〕50号	2020.10.14	2020.10.14
湖南省商务厅等13部门关于推动品牌连锁便利店加快发展的实施意见	湖南省药品监督管理局		2020.09.07	2020.09.07
龙岩市人民政府办公室关于印发龙岩市进一步推进商标品牌工作若干措施的通知	龙岩市人民政府	龙政办〔2020〕74号	2020.08.18	2020.08.18
福州市商务局、福州市财政局关于印发《福州市商业品牌首店进驻奖励申报评审实施细则》的通知	福州市财政局		2020.08.12	2020.07.31
大连市政协十三届三次会议《关于叫响大连海鲜品牌,助推海洋经济高质量发展的提案》(第0054号)答复意见	大连市农业农村局		2020.08.10	2020.08.10
大连市政协十三届三次会议《关于发挥好果品业区域共用品牌的市场效应作用,促进我市乡村振兴的提案》(第0045号)答复意见	大连市农业农村局		2020.08.06	2020.08.06

续表

标题	发布部门	发文字号	发布日期	实施日期
大连市十六届人大三次会议《关于进一步加快发展壮大我市农业品牌的建议》（第386号）答复意见	大连市农业农村局		2020.08.06	2020.08.06
江苏省农业农村厅关于印发《江苏农业品牌目录制度》的通知	江苏省农业农村厅	苏农规〔2020〕6号	2020.07.02	2020.08.02
新疆维吾尔自治区农业农村厅关于印发《2020—2025年自治区推进农产品地理标志品牌建设意见》的通知	新疆维吾尔自治区农业农村厅		2020.06.28	2020.06.28
南京市财政局、南京市市场监督管理局关于废止《南京市商标品牌战略奖励资金管理办法》的决定	南京市市场监督管理局	宁财企〔2020〕210号	2020.06.22	2020.01.01
陕西省粮食行业协会关于印发《"陕北小杂粮"公共品牌标识使用管理办法》的通知	陕西省粮食行业协会		2020.06.16	2020.06.16
河南省商务厅等13部门关于推动品牌连锁便利店加快发展的实施意见	河南省药品监督管理局	豫商流通〔2020〕2号	2020.06.03	2020.06.03
宝鸡市人民政府办公室关于印发宝鸡擀面皮品牌建设实施方案和深化建设国际（丝路）美食之都的实施意见的通知	宝鸡市人民政府	宝政办发〔2020〕26号	2020.05.29	2020.05.29
佛山市商务局关于印发《佛山市粤菜（名店、名菜、名点）品牌建设管理办法》的通知	佛山市商务局	佛商务字〔2020〕8号	2020.05.29	2020.06.30
呼和浩特市人民政府办公室关于印发《呼和浩特市高品位特色商业步行街建设的指导意见》《呼和浩特市推动品牌连锁便利店发展的指导意见》《呼和浩特市促进夜间经济发展的指导意见》的通知	呼和浩特市人民政府	呼政办字〔2020〕25号	2020.05.22	2020.05.22

标题	发布部门	发文字号	发布日期	实施日期
福建省商务厅等13部门关于推动我省品牌连锁便利店加快发展的实施意见	福建省药品监督管理局		2020.05.21	2020.05.21
江西省医疗保障局关于助力打造江西中医药品牌服务中医药强省战略的通知	江西省医疗保障局	赣医保字〔2020〕17号	2020.05.18	2020.05.18
济宁市人民政府关于印发济宁市高质量推进食用农产品合格证制度和济宁礼飨品牌农产品质量安全追溯体系建设实施方案的通知	济宁市人民政府	济政字〔2020〕23号	2020.05.18	2020.05.18
吉林省人民政府办公厅关于加强鲜食玉米品牌建设加快鲜食玉米产业发展的实施意见	吉林省人民政府	吉政办发〔2020〕19号	2020.05.18	2020.05.18
南平市人民政府办公室关于印发"武夷山水"区域公用品牌管理办法的通知	南平市人民政府	南政办〔2020〕31号	2020.05.14	2020.05.14
四川省文化和旅游厅、四川省财政厅关于印发《四川省文化和旅游品牌激励实施办法》的通知	四川省财政厅	川文旅发〔2020〕23号	2020.05.11	2020.05.11
吉林省商务厅、吉林省委宣传部、吉林省发展和改革委员会等关于推动品牌连锁便利店加快发展的实施意见	吉林省药品监督管理局		2020.05.06	2020.05.06
甘肃省农业农村厅关于印发《甘肃省"甘味"农产品品牌认定管理办法(试行)》的通知	甘肃省农业农村厅	甘农发规〔2020〕2号	2020.04.21	2020.04.21
汕头市市场监督管理局关于印发《汕头市市场监督管理局(知识产权局)商标品牌奖励实施办法》的通知	汕头市市场监督管理局	汕市监〔2020〕27号	2020.04.15	2020.05.15

续表

标题	发布部门	发文字号	发布日期	实施日期
巴彦淖尔市人民政府办公室关于印发《"天赋河套"农产品区域公用品牌管理办法（试行）》的通知	巴彦淖尔市人民政府		2020.04.08	2020.04.08
贵州省商务厅、贵州省委宣传部、贵州省发展改革委等关于印发《贵州省推动品牌连锁便利店加快发展工作方案》的通知	贵州省食品药品监督管理局	黔商发〔2020〕13号	2020.03.30	2020.03.30
大连商品交易所关于修改《大连商品交易所期货交割注册品牌工作办法》的通知（2020）	大连商品交易所	大商所发〔2020〕137号	2020.03.30	2020.03.30
崇左市江州区人民政府关于印发崇左市江州区深入实施商标品牌战略推进江州品牌建设的意见的通知	崇左市江州区人民政府	江政规〔2020〕1号	2020.03.23	2020.03.23
临汾市人民政府办公室关于印发临汾市打造"临汾技工"品牌推进职业技能提升行动实施方案的通知	临汾市人民政府	临政办发〔2020〕15号	2020.03.16	2020.03.16
怒江州人民政府办公室关于怒江州创建"一县一业"示范县加快打造"绿色食品牌"的指导意见	怒江傈僳族自治州人民政府	怒政办发〔2020〕12号	2020.03.05	2020.03.05
江门市人民政府关于印发《江门市农业品牌培育奖励办法》的通知	江门市人民政府	江府〔2020〕7号	2020.03.02	2020.04.02
上海期货交易所关于同意诺里尔斯克镍业采矿冶金公开股份公司取消"NORILSK COMBINE H—1"牌电解镍注册品牌资格的公告	上海期货交易所	上海期货交易所公告〔2020〕25号	2020.02.18	2020.02.18
山西省商务厅关于促进品牌连锁便利店发展的实施意见	山西省商务厅		2020	2020

（三）地方工作文件

标题	发布部门	发文字号	发布日期	实施日期
深圳市品牌展会认定办法（2020 修订）	深圳市商务局	深商务规〔2020〕4 号	2020.12.23	2020.12.23
南宁市西乡塘区人民政府关于印发《西乡塘区农业品牌创建奖励实施办法（暂行）》的通知	西乡塘区人民政府	西府规〔2020〕5 号	2020.12.18	2020.12.18
宁德市人民政府办公室关于印发宁德市区域公用品牌（农产品）管理办法的通知	宁德市人民政府	宁政办〔2020〕107 号	2020.12.02	2020.12.02
丽水市人民政府办公室关于印发推进品牌创建与质量建设若干意见的通知	丽水市人民政府	丽政办发〔2020〕83 号	2020.12.01	2020.12.01
上海市市场监督管理局关于印发《关于加强"上海品牌"认证工作的指导意见》的通知	上海市市场监督管理局	沪市监规范〔2020〕15 号	2020.11.25	2021.01.01
河南省教育厅关于表彰普通高等学校 2020 年"大美学工"十佳优秀学生工作先进单位、优秀学生工作品牌和优秀学生工作者的决定	河南省教育厅	教学〔2020〕461 号	2020.11.25	2020.11.25
昆明市人民政府关于推进"一县一业"打造世界一流"绿色食品牌"的指导意见	昆明市人民政府	昆政发〔2020〕33 号	2020.11.18	2020.11.18
合肥市经济和信息化局关于征集《合肥市工业质量品牌"十四五"发展规划》意见的通知	合肥市经济和信息化局		2020.11.11	2020.11.11
酒泉市人民政府办公室关于加快推进农产品品牌发展的实施意见	酒泉市人民政府	酒政办发〔2020〕103 号	2020.11.04	2020.11.04
丽水市人民政府办公室关于印发丽水市中心城区教育资源统筹配置和品牌化运作实施意见的通知	丽水市人民政府	丽政办发〔2020〕68 号	2020.10.15	2020.10.15

续表

标题	发布部门	发文字号	发布日期	实施日期
临汾市人民政府办公室关于推进"襄汾烧饼""浮山厨师"等劳务品牌建设的意见	临汾市人民政府	临政办发〔2020〕50号	2020.10.14	2020.10.14
湖南省商务厅等13部门关于推动品牌连锁便利店加快发展的实施意见	湖南省药品监督管理局		2020.09.07	2020.09.07
龙岩市人民政府办公室关于印发龙岩市进一步推进商标品牌工作若干措施的通知	龙岩市人民政府	龙政办〔2020〕74号	2020.08.18	2020.08.18
福州市商务局、福州市财政局关于印发《福州市商业品牌首店进驻奖励申报评审实施细则》的通知	福州市财政局		2020.08.12	2020.07.31
大连市政协十三届三次会议《关于叫响大连海鲜品牌，助推海洋经济高质量发展的提案》（第0054号）答复意见	大连市农业农村局		2020.08.10	2020.08.10
大连市政协十三届三次会议《关于发挥好果品业区域共用品牌的市场效应作用，促进我市乡村振兴的提案》（第0045号）答复意见	大连市农业农村局		2020.08.06	2020.08.06
大连市十六届人大三次会议《关于进一步加快发展壮大我市农业品牌的建议》（第386号）答复意见	大连市农业农村局		2020.08.06	2020.08.06
江苏省农业农村厅关于印发《江苏农业品牌目录制度》的通知	江苏省农业农村厅	苏农规〔2020〕6号	2020.07.02	2020.08.02
新疆维吾尔自治区农业农村厅关于印发《2020—2025年自治区推进农产品地理标志品牌建设意见》的通知	新疆维吾尔自治区农业农村厅		2020.06.28	2020.06.28

标题	发布部门	发文字号	发布日期	实施日期
南京市财政局、南京市市场监督管理局关于废止《南京市商标品牌战略奖励资金管理办法》的决定	南京市市场监督管理局	宁财企〔2020〕210号	2020.06.22	2020.01.01
陕西省粮食行业协会关于印发《"陕北小杂粮"公共品牌标识使用管理办法》的通知	陕西省粮食行业协会		2020.06.16	2020.06.16
河南省商务厅等13部门关于推动品牌连锁便利店加快发展的实施意见	河南省药品监督管理局	豫商流通〔2020〕2号	2020.06.03	2020.06.03
宝鸡市人民政府办公室关于印发宝鸡擀面皮品牌建设实施方案和深化建设国际(丝路)美食之都的实施意见的通知	宝鸡市人民政府	宝政办发〔2020〕26号	2020.05.29	2020.05.29
佛山市商务局关于印发《佛山市粤菜(名店、名菜、名点)品牌建设管理办法》的通知	佛山市商务局	佛商务字〔2020〕8号	2020.05.29	2020.06.30
呼和浩特市人民政府办公室关于印发《呼和浩特市高品位特色商业步行街建设的指导意见》《呼和浩特市推动品牌连锁便利店发展的指导意见》《呼和浩特市促进夜间经济发展的指导意见》的通知	呼和浩特市人民政府	呼政办字〔2020〕25号	2020.05.22	2020.05.22
福建省商务厅等13部门关于推动我省品牌连锁便利店加快发展的实施意见	福建省药品监督管理局		2020.05.21	2020.05.21
江西省医疗保障局关于助力打造江西中医药品牌服务中医药强省战略的通知	江西省医疗保障局	赣医保字〔2020〕17号	2020.05.18	2020.05.18
济宁市人民政府关于印发济宁市高质量推进食用农产品合格证制度和济宁礼飨品牌农产品质量安全追溯体系建设实施方案的通知	济宁市人民政府	济政字〔2020〕23号	2020.05.18	2020.05.18

续表

标题	发布部门	发文字号	发布日期	实施日期
吉林省人民政府办公厅关于加强鲜食玉米品牌建设加快鲜食玉米产业发展的实施意见	吉林省人民政府	吉政办发〔2020〕19号	2020.05.18	2020.05.18
南平市人民政府办公室关于印发"武夷山水"区域公用品牌管理办法的通知	南平市人民政府	南政办〔2020〕31号	2020.05.14	2020.05.14
四川省文化和旅游厅、四川省财政厅关于印发《四川省文化和旅游品牌激励实施办法》的通知	四川省财政厅	川文旅发〔2020〕23号	2020.05.11	2020.05.11
吉林省商务厅、吉林省委宣传部、吉林省发展和改革委员会等关于推动品牌连锁便利店加快发展的实施意见	吉林省药品监督管理局		2020.05.06	2020.05.06
甘肃省农业农村厅关于印发《甘肃省"甘味"农产品品牌认定管理办法(试行)》的通知	甘肃省农业农村厅	甘农发规〔2020〕2号	2020.04.21	2020.04.21
汕头市市场监督管理局关于印发《汕头市市场监督管理局(知识产权局)商标品牌奖励实施办法》的通知	汕头市市场监督管理局	汕市监〔2020〕27号	2020.04.15	2020.05.15
巴彦淖尔市人民政府办公室关于印发《"天赋河套"农产品区域公用品牌管理办法(试行)》的通知	巴彦淖尔市人民政府		2020.04.08	2020.04.08
贵州省商务厅、贵州省委宣传部、贵州省发展改革委等关于印发《贵州省推动品牌连锁便利店加快发展工作方案》的通知	贵州省食品药品监督管理局	黔商发〔2020〕13号	2020.03.30	2020.03.30
大连商品交易所关于修改《大连商品交易所期货交割注册品牌工作办法》的通知(2020)	大连商品交易所	大商所发〔2020〕137号	2020.03.30	2020.03.30

标题	发布部门	发文字号	发布日期	实施日期
崇左市江州区人民政府关于印发崇左市江州区深入实施商标品牌战略推进江州品牌建设的意见的通知	崇左市江州区人民政府	江政规〔2020〕1号	2020.03.23	2020.03.23
临汾市人民政府办公室关于印发临汾市打造"临汾技工"品牌推进职业技能提升行动实施方案的通知	临汾市人民政府	临政办发〔2020〕15号	2020.03.16	2020.03.16
怒江州人民政府办公室关于怒江州创建"一县一业"示范县加快打造"绿色食品牌"的指导意见	怒江傈僳族自治州人民政府	怒政办发〔2020〕12号	2020.03.05	2020.03.05
江门市人民政府关于印发《江门市农业品牌培育奖励办法》的通知	江门市人民政府	江府〔2020〕7号	2020.03.02	2020.04.02
上海期货交易所关于同意诺里尔斯克镍业采矿冶金公开股份公司取消"NORILSK COMBINE H—1"牌电解镍注册品牌资格的公告	上海期货交易所	上海期货交易所公告〔2020〕25号	2020.02.18	2020.02.18
山西省商务厅关于促进品牌连锁便利店发展的实施意见	山西省商务厅		2020	2020
徐州市人力资源和社会保障局关于印发《"人社直通车服务两提升"服务品牌优化提升方案》的通知	徐州市人力资源和社会保障局		2020.05.13	2020.05.13
青岛市民营经济发展局关于举办2020自有品牌零供对接会的通知	青岛市民营经济发展局		2020.05.12	2020.05.12
山东省住房和城乡建设厅关于印发全省住房公积金文明行业创建"品牌提升年"活动实施方案的通知	山东省住房和城乡建设厅		2020.05.12	2020.05.12

续表

标题	发布部门	发文字号	发布日期	实施日期
南京市律师协会秘书处关于转发省司法厅、省律协《关于印发关于开展律师公益法律服务品牌选树评比工作的方案通知》的通知	南京市律师协会	宁律秘通〔2020〕69号	2020.05.11	2020.05.11
福建省财政厅、福建省农业农村厅关于下达2020年品牌农业等特色现代农业发展专项资金的通知	福建省农业农村厅	闽财农指〔2020〕25号	2020.05.08	2020.05.08
内蒙古自治区工业和信息化厅关于印发《2020年加强工业质量品牌建设实施方案》的通知	内蒙古自治区工业和信息化厅	内工信科电字〔2020〕117号	2020.05.07	2020.05.07
淄博市住房公积金管理中心关于开展住房公积金文明服务品牌征集评选活动的通知	淄博市住房公积金管理中心		2020.05.07	2020.05.07
广东省工业和信息化厅关于印发2020年工业质量品牌建设工作计划的通知	广东省工业和信息化厅	粤工信创新函〔2020〕449号	2020.05.06	2020.05.06
湖南省发展和改革委员会关于下达2020年大湘西地区茶叶和天然饮用水公共品牌建设专项资金计划的通知	湖南省发展和改革委员会	湘发改投资〔2020〕301号	2020.05.05	2020.05.05
潍坊市人民政府办公室关于印发潍坊市"质量与品牌提升年"行动方案的通知	潍坊市人民政府	潍政办字〔2020〕49号	2020.04.28	2020.04.28
浙江省民政厅关于推选品牌社会组织候选单位和社会组织领军人物候选人的通知	浙江省民政厅		2020.04.28	2020.04.28
湖北省知识产权局关于印发《湖北省品牌提升专项行动方案(2020—2022)》的通知	湖北省知识产权局	鄂知发〔2020〕9号	2020.04.27	2020.04.27
无锡市司法局、无锡市律师协会关于做好全省律师公益法律服务品牌选树评比工作的通知	无锡市律师协会	锡律协〔2020〕12号	2020.04.21	2020.04.21

标题	发布部门	发文字号	发布日期	实施日期
湖南省工业和信息化厅关于做好2020年工业品牌培育试点工作的通知	湖南省工业和信息化厅		2020.04.21	2020.04.21
北海市人民政府关于印发北海市加快推进品牌建设行动计划（2020—2025年）的通知	北海市人民政府	北政发〔2020〕9号	2020.04.20	2020.04.20
江苏省司法厅、江苏省律师协会关于印发《关于开展律师公益法律服务品牌选树评比工作的方案》的通知	江苏省律师协会		2020.04.20	2020.04.20
山东省住房和城乡建设厅关于印发全省物业服务行业"品牌提升年"活动实施方案的通知	山东省住房和城乡建设厅	鲁建物函〔2020〕3号	2020.04.16	2020.04.16
山东省农业农村厅关于公布第五批山东省知名农产品区域公用品牌和企业产品品牌名单的通知	山东省农业农村厅	鲁农市信字〔2020〕6号	2020.04.14	2020.04.14
福州市海洋与渔业局关于印发《2020年福州市海洋与渔业品牌建设专项资金申报指南》的通知	福州市海洋与渔业局	榕海渔〔2020〕60号	2020.04.14	2020.04.14
四川省经济和信息化厅办公室关于印发《四川省2020年工业质量品牌建设工作计划》的通知	四川省经济和信息化厅		2020.04.14	2020.04.14
天津市工业和信息化局转发工业和信息化部关于征集2020年工业质量品牌建设重点项目的函	天津市工业和信息化局		2020.04.13	2020.04.13
海南省工业和信息化厅关于做好2020年全省工业质量品牌建设工作的通知	海南省工业和信息化厅	琼工信装科〔2020〕62号	2020.04.10	2020.04.10

标题	发布部门	发文字号	发布日期	实施日期
河北省工业和信息化厅关于印发《2020年河北省食品特色品牌提升项目申报指南》的通知	河北省工业和信息化厅		2020.04.09	2020.04.09
海南省发展和改革委员会关于遴选中国品牌日活动云上海南展馆设计单位的通知	海南省发展和改革委员会		2020.04.09	2020.04.09
山西省粮食和物资储备局关于转发《山西省农业农村厅关于做好2020年全省农产品品牌目录征集工作的通知》的通知	山西省粮食和物资储备局	晋粮产函〔2020〕58号	2020.04.08	2020.04.08
合肥市经济和信息化局关于开展合肥市品牌建设线上培训系列活动的通知	合肥市经济和信息化局		2020.04.08	2020.04.08
济南市农业农村局关于评选第三届济南市"十佳品牌农产品包装"的通知	济南市农业农村局		2020.04.07	2020.04.07
江苏省委教育工委办公室关于在全省中小学校开展第二批"一校一品"党建文化品牌项目建设成果征集工作的通知	中共江苏省委教育工委	苏委教办〔2020〕1号	2020.04.03	2020.04.03
山西省人民政府办公厅关于印发黄河长城太行三大品牌建设年行动方案的通知	山西省人民政府	晋政办发〔2020〕29号	2020.04.01	2020.04.01
宁波市商务局关于组织参加中国品牌商品（波兰）展暨消博会波兰展的通知	宁波市商务局	甬商务贸促函〔2020〕23号	2020.03.31	2020.03.31
山东省质量强省及品牌战略推进工作领导小组办公室关于组织申报第八届山东省省长质量奖的通知	山东省质量强省及品牌战略推进工作领导小组办公室		2020.03.26	2020.03.26
四川省农业农村厅关于印发《2020年四川省农产品质量安全和品牌培育工作要点》的通知	四川省农业农村厅	川农函〔2020〕195号	2020.03.11	2020.03.11

标题	发布部门	发文字号	发布日期	实施日期
江苏省教育厅办公室关于开展2020年省社区教育特色品牌和老年教育学习资源库子库项目申报工作的通知	江苏省教育厅	苏教办继函〔2020〕3号	2020.03.02	2020.03.02
山东省农业农村厅关于公布省农产品品牌建设联席会议组成人员名单的通知	山东省农业农村厅	鲁农市信字〔2020〕3号	2020.02.18	2020.02.18
上海市教育委员会关于公布上海市中等职业学校示范性品牌专业和品牌专业的通知	上海市教育委员会	沪教委职〔2020〕6号	2020.02.09	2020.02.09
山西省粮食和物资储备局关于印发2020年"山西小米"品牌建设工作要点的通知	山西省粮食和物资储备局	晋粮产字〔2020〕10号	2020.01.21	2020.01.21
云南省工业和信息化厅关于开展2020年工业质量品牌提升重点项目申报工作的通知	云南省工业和信息化厅		2020.01.19	2020.01.19
山东省工业和信息化厅关于申报纺织服装行业新技术（成果）、新模式及重点培育品牌企业的通知	山东省工业和信息化厅		2020.01.17	2020.01.17
德阳市人民政府办公室关于印发《德阳市品牌培育计划（2019—2022）》的通知	德阳市人民政府	德办函〔2020〕2号	2020.01.16	2020.01.16
宁夏回族自治区体育局关于2019年宁夏"一地一品"全民健身品牌赛事活动评选结果的通报	宁夏回族自治区体育局		2020.01.06	2020.01.06
青岛市人民政府办公厅关于组织实施青岛市帆船事业和"帆船之都"品牌发展十年规划（2019~2028年）的通知	青岛市人民政府	青政办字〔2020〕4号	2020.01.03	2020.01.03
北京市商务局关于公布《北京生活性服务业品牌连锁企业资源库（2020年度）》名单的公告	北京市商务局		2020	2020

Abstract

The "China Brand Strategic Development Report" is an annual research report compiled by China Brand Strategic Planning Institute, which takes brand strategy as the research object. The report is based on the "Suggestions (and Further Suggestions) on promoting independent innovation, building China's brand power, and safeguarding national economic security", which is jointly signed by academicians Chen Guangya, Yang Shengming, Zhang Xiaoshan, Wu Jiapei and Wang Tongsan, and it's under the guidance of the spirit of the important instructions of the relevant leaders of the central government. This report is comprehensive, strategic, academic, industrial and policy-oriented.

The "China Brand Strategic Development Report (2020–2021) " adheres to the important instruction of President Xi's "Three Transformations", takes the new development concept as the guide, and gives a comprehensive review of the trend of global macroeconomic development and the quality of brand economic operation after the outbreak of COVID – 19 in 2020 – 2021by means of comprehensive data analysis, investigation and research, expert discussion, and so on. Combined with the overall trend and operation quality of China's transformation from three-phase superposition to triple pressure, the report points out that at present, the operation of China's brand economy is unprecedentedly complex, the value orientation needs strategic improvement, the policy environment is undergoing changes of the times, and the supply and demand scene is facing fundamental changes. Therefore, Chinese brands should start to think about more fundamental factors affecting the future trend of Chinese brands, such as the centralization of marginal areas, the specialization of special and new brands, the aging of whole cycle management, and the demand side guidance of technological development, which will become new development opportunities.

The "Report" believes that in the shift period of growth rate, the painful period of structural adjustment and the digestion period of early stimulus policies, the role of brand to enterprises is to maintain old business, expand new business, find platform and traffic, and marketing means is the key, that is to say, brand focuses more on marketing understanding. In the face of the triple pressure of shrinking demand, supply shock and weakening expectation, the new and old marketing means generally fail. The role of brand to enterprises is to re understand users, enhance user stickiness, use new supply to enhance expectation, expand demand, and find new markets and new opportunities. At this time, brand tends to strategic understanding. The development of China's brand economy is entering a new stage where the old strength is weak and the new strength is not strong. It has rich practical significance for the brand construction of state-owned enterprises, the summary of the experience of the founding of the party for a century, the opportunity to grasp the new development pattern, and the attention to the medium and long-term development trends in carbon neutralization, social governance and housing leasing, and even for promoting the development of brand economy.

The "Report" makes the latest research and judgment on the development of China's brand economy and brand ecology in 2021. The current China brand development index is 102. 43, an increase of 1. 11 percentage points over the previous year, and the intensity value is in a moderate range. Among them, 100 cities including Beijing, Shanghai, Guangzhou, Chengdu, Suzhou, Shenzhen, Hangzhou, Nanjing, Ningbo and Chongqing have entered the list of top 100 cities in China's Brand Ecological Index (2021).

The "Report" studies the institutional and economic environment of China's brand building from the perspective of national strategic security; explores the internal structure, influencing factors and formation mechanism of brand strategy from an academic perspective; analyzes the environment elements and advantageous resources of regional brand development from the perspective of ecology; analyzes the opportunities, challenges and implementation path of Chinese brands in the process of globalization from the global level; analyzes the

impacts on the development of brand strategy from the annual political hot spots. The "Report" always focuses on grasping the macro situation, applied theory and regional ecology of China's brand economic development, and promotes the strategic development of Chinese brands from five dimensions (promoting institutional innovation, enriching connotation themes, consolidating industrial foundation, promoting international recognition and cultivating regional characteristics) and by the way of combining theory, data and practice.

Keywords: Brand Strategy; Brand Theory; Brand Ecology

Contents

I General Report

Abstract: In 2021, China opened a new starting point for achieving the second centennial goal and entered a new journey of building a modern socialist country. We are currently in the opening year of the Fourteenth Five-Year Plan. Facing the challenge of the global economy from complexity to weakness, and the impact of the COVID − 19 from a heavy blow to persistent existence, China brand economy adheres to the new development concept, constructs a new development pattern, and promotes the high-quality development and the construction of a better life in coordination. China brand economy shows an active

trend from bottom rebound, rapid stabilization and contrarian growth to steady reinforcement and steady improvement. With strong resilience and stable growth, China brand economy provides a good external environment and sustainable growth momentum for the development of China brands.

Keywords: Brand Strategy; Macro Situation; Brand Risks; Brand Development Level

II Frontier Research on Brand Strategy

B.2 Promote the Brand Building of State-owned Enterprises from Excellent Enterprises to Excellent Brands / 026

Abstract: Under the superposition of the century changing situation and the COVID-19, the establishment of state-owned enterprise brands is facing a new task. The report believes that it is necessary to deepen the understanding of "grasping the new development stage, implementing the new development concept and building a new development pattern", to pay full attention to the connotation of the people and the times in the brand building of state-owned enterprises, and to promote the brand building of state-owned enterprises from an excellent enterprise to an excellent brand. It is a major strategic proposition for brand building of state-owned enterprises.

Keywords: State-owned Enterprise Brand; Brand Building; Excellent Brand

B.3 Promote the Establishment of Zero-carbon Brands and Establish the Core Competitiveness of Brands in the New Era / 030

Abstract: China strives to achieve carbon peak by 2030 and carbon neutralization by 2060, which is related to the sustainable development of the Chinese nation and the building of a community with a shared future for mankind. This paper believes that the arrival of the carbon neutralization era provides a new era theme and a new development opportunity for corporate brand building. Brand building under the guidance of the goal of carbon neutralization is a new exploration of the concept of sustainable development, an era performance of brand competitiveness evaluation, a driving force for driving the ecological cycle system, and a rich material for brand creation and dissemination in the new era. The brand creation of a carbon neutralization era contains the concept of sustainable development, which provides a new era theme and development opportunity for corporate brand building. The creation of a zero-carbon brand is changing from a company's willingness to fulfill its responsibilities to its due responsibilities, and has become a new starting point for corporate brand building and dissemination.

Keywords: Carbon Peak; Carbon Neutralization; Zero-carbon Brand

B.4 Research on Enterprise Brand Strategy Under the New Development Pattern / 035

Abstract: Under the macro background of "accelerating the formation of a new development pattern dominated by domestic big cycle and mutually promoted by domestic and international dual cycles", the historical orientation of the development of Chinese brands is undergoing a strategic upgrade from Chinese factories, Chinese markets to global innovation centers. Chinese brands need to make a clear dynamic positioning in the division of labor in the global industrial chain, supply chain and value chain, keenly grasp the opportunity of the times to improve the ability to operate global brands based on the huge domestic demand market, build chain-master and chain-core brands, change the traditional understanding of brand value, advocate the proposition of a community with a shared future for mankind, enrich and develop an innovative connotation, and

integrate digitalization with the expression of the traditional Chinese culture of the times. In grasping the goal of achieving carbon peak and carbon neutralization, build an epoch-making new development pattern and brand strategy through the cycle.

Keywords: New Development Pattern; Brand Building; Brand Value

Ⅲ   Research and Innovation on Brand Evaluation Methods

B.5   Research on Social Governance Evaluation and Brand
Development Trend Led by Party Construction   / 039

Abstract: In the new era, the way of leading the innovation of grass-roots social governance by Party Construction is not only a path of social governance innovation with Chinese characteristics, but also one of the important measures to promote the modernization of national governance system and governance capacity in the new era. This paper focuses on how to scientifically and orderly promote and implement the concept of Party Construction leading grass-roots governance, and build the corresponding evaluation system. Firstly, this paper analyzes the policy background and the current research trends of domestic governance evaluation system, and reviews the problems. Then, based on the modernization requirements of grass-roots governance, this paper constructs the evaluation index system and analysis model of grass-roots governance led by Party Construction, and then makes empirical analysis and discussion through the actual case of community governance in the northern district of Qingdao. On this basis, it further proposes the principles and ideas of cultivating and building the brand of Party Construction leading social governance, innovating the new connotation of urban brand development, and proposing comprehensive suggestions on orderly implementation of Party Construction leading the development of grass-roots governance.

Keywords: Party Construction Leads Grass-roots Governance; Social Governance Brand; Evaluation System

B.6 Research on Brand Evaluation and Community Development
Trend of Housing Rental Industry / 047

Abstract: Under the current development background of strong demand for housing rental and scene differentiation, the housing rental community model has become a breakthrough to solve the current housing demand problem effectively. The centralized development of housing rental community is an effective way to meet the housing demand of new public groups. Through the monitoring of the national housing rental industry brand index and the dynamic national housing rental benchmark rent price index, this article believes that the trend of community development of my country's housing rental industry is that housing resources will be concentrated in large numbers, products will become diversified and rich, housing management and rental period will stabilize. The common problems facing the current industry are the challenges of platform operation, regulation and public services.
Keywords: Housing Rental; Industry Brand Evaluation; Brand Index

Ⅳ Research on the Development of Brand Ecological Index

B.7 Research on the Development of China Brand Ecological
Index / 053

Abstract: Based on the research on brand ecological index evaluation carried out for three consecutive years and combined with the requirements of the times of China's brand economic development, this part explains the evaluation index

system of China's brand ecological index, the selection of evaluation objects, the annual optimization of China's brand ecological development area and brand strength range. The report also establishes the version of China's brand ecological index evaluation system (CBEI－3. 2).

Keywords: Brand Ecological Index; Evaluation System; Brand Ecological Development Area

Ⅴ Evaluation Report of China Brand Ecological Index

B.8 The Comprehensive Evaluation Report on China Brand Ecological Index (2020－2021)   / 067

Abstract: According to the standard of brand ecological index evaluation system (CBEI－3. 2), we have standardized the brand ecological index of 119 cities in China (excluding Hong Kong, Macao, Taiwan and Lhasa). The results show that the current China brand development index is 102. 43, an increase of 1. 11 percentage points over the previous year, and the intensity value is in a moderate range. Among them, 100 cities such as Beijing, Shanghai, Guangzhou, Chengdu, Suzhou, Shenzhen, Hangzhou, Nanjing, Ningbo and Chongqing have entered the list of top 100 cities in China brand ecological index (2020－2021). The evaluation results of China brand ecological index are composed of a comprehensive index and six sub indexes, including economic support, environmental support, consumption support, market support, industrial support and cultural support.

Keywords: Brand Ecological Index; Brand Ecological Support; Evaluation Index

VI   The Quality and Safety Report of
Key Industry Brands

Abstract: Grain quality and safety inspection and testing is the basic work to ensure the safety of China's basic food industry. Comprehensively promoting the construction of grain quality and safety inspection and testing system and establishing and improving the supervision and regulation system of China's grain and its products industry are important instructions put forward in the outline of the "14th five year plan". Taking the food quality supervision reports issued by the General Administration of quality supervision of the state and 31 provinces and municipalities directly under the central government from 2018 to 2020 as the data source, this report statistically analyzes the product quality status of grain and its products in China's food industry, so as to reveal the quality and safety risks of grain and its products. Combined with the prominent problems in the food industry, this paper analyzes the reasons for the unqualified sampling inspection of grain and its products, and puts forward some suggestions, so as to finally promote the quality improvement of grain and its products. The research shows that the development trend of China's grain and its products industry is good, and some existing security risks can be solved through reasonable construction and improvement of relevant supervision and inspection policies. China should comprehensively promote the supervision and inspection policies of the grain industry and release the overall economic vitality of the grain industry.

Keywords: Food Industry; Grain and Products; Safety Risk

B.10　Analysis of Brand Quality and Safety Risk of Footwear

　　in China　　　　　　　　　　　　　　　　　　／ 144

　　Abstract：Based on the national and local supervision and random inspection in recent years, this report summarizes the main unqualified items in the process of product quality random inspection, focuses on the possible quality and safety risks caused by product nonconformities, and deeply analyzes the causes of product nonconformities. This report puts forward countermeasures against quality and safety risks from the perspective of relevant functional departments, manufacturers and consumers so as to promote the overall quality of footwear products and protect the health and rights and interests of consumers.

　　Keywords：Footwear Products; Product Quality Supervision; Quality and Safety Risk Analysis

B.11　Analysis of Brand Quality and Safety Risk of Lamps and

　　Lanterns in China　　　　　　　　　　　　　／ 155

　　Abstract：Lighting appliance industry is an important part of China's national economy. As people's livelihood consumer products, the quality of lamps and lanterns will also affect people's life, property and environmental safety. According to the provincial product quality spot-check reports from 2016 to 2020, this report selects the quality spot-check data of national lamp products, analyzes the current situation of lamp product quality, summarizes the unqualified problems and development trend of lamp related products, and analyzes the quality and safety risks of lamp products. In order to avoid safety risks such as unclear marking information, harmonic pollution of power system, vision loss, short circuit, electric leakage, electric shock, fire of inflammable products and economic property losses, this report puts forward relevant suggestions to provide reference for improving the product quality of lamps and lanterns in China and ensuring the quality of life of residents.

Keywords: Lighting Products; Quality and Safety Risks; Quality Spot-check; Product Quality

B. 12　Analysis of Brand Quality and Safety Risk of Children's
Clothing Products in China　　　　　　　　　　　　/ 165

Abstract: As an important consumer category, children's clothing is related to the healthy growth of children all over the country. Based on the supervision and random inspection data of provincial and municipal governments, this report finds that children's clothing products have the following four types of problems: non-standard product identification and use instructions, non-standard sewing or strength of clothes and accessories, non-standard fiber content, excessive toxic and harmful substances, which are divided into direct risk factors and indirect risk factors. Finally, suggestions for improvement of relevant industries are put forward to help improve the quality of children's clothing products and ensure children's health.

Keywords: Children's Clothing; Brand; Quality Safety; Production and Inspection Standards

B. 13　Analysis of Brand Quality and Safety Risk of Heater
Products in China　　　　　　　　　　　　　　/ 176

Abstract: The qualification rate of small household appliances related products in China has not been high. This report collects the relevant supervision and sampling inspection reports issued by the market supervision and administration bureaus of various provinces and cities in China, counts the unqualified items of heater related products, and analyzes the product quality and safety risks of the

signs and instructions, power connection and external cords, structure, input power, current, elements and other aspects. Finally, the report analyzes the causes of safety risk problems, puts forward suggestions to regulators, consumers and enterprises, and provides suggestions to improve the quality of heater products in China.

Keywords: Heaters; Quality Supervision and Sampling Inspection; Quality and Safety; Risk Analysis

B.14 Analysis of Quality and Safety Risk of School Uniform

Products in China / 185

Abstract: With the rapid development of the school uniform industry, the supply and demand of the school uniform market are "prosperous", and the pressure of school uniform supervision is increasing. This report selects the quality supervision and sampling inspection reports of school uniform products published by the national provincial and municipal market supervision and administration from 2016 to 2020, analyzes the main problems and evolution trend of school uniform quality, reveals four types of quality and safety risks of school uniforms: rope safety hidden danger, fabric acid-base imbalance, chemical hazards and carcinogens, and analyzes the causes of product quality and safety risks. Finally, the corresponding suggestions for improving the quality of school uniforms are put forward, which provide a reference for improving the quality of school uniforms and ensuring the safety of primary and secondary school students.

Keywords: Student Uniforms; Product Quality; Quality Supervision and Random Inspection; Risk Analysis

社会科学文献出版社

皮 书

智库成果出版与传播平台

✦ 皮书定义 ✦

皮书是对中国与世界发展状况和热点问题进行年度监测，以专业的角度、专家的视野和实证研究方法，针对某一领域或区域现状与发展态势展开分析和预测，具备前沿性、原创性、实证性、连续性、时效性等特点的公开出版物，由一系列权威研究报告组成。

✦ 皮书作者 ✦

皮书系列报告作者以国内外一流研究机构、知名高校等重点智库的研究人员为主，多为相关领域一流专家学者，他们的观点代表了当下学界对中国与世界的现实和未来最高水平的解读与分析。截至2021年底，皮书研创机构逾千家，报告作者累计超过10万人。

✦ 皮书荣誉 ✦

皮书作为中国社会科学院基础理论研究与应用对策研究融合发展的代表性成果，不仅是哲学社会科学工作者服务中国特色社会主义现代化建设的重要成果，更是助力中国特色新型智库建设、构建中国特色哲学社会科学"三大体系"的重要平台。皮书系列先后被列入"十二五""十三五""十四五"时期国家重点出版物出版专项规划项目；2013~2022年，重点皮书列入中国社会科学院国家哲学社会科学创新工程项目。

皮书网

（网址：www.pishu.cn）

发布皮书研创资讯，传播皮书精彩内容
引领皮书出版潮流，打造皮书服务平台

栏目设置

◆ 关于皮书

何谓皮书、皮书分类、皮书大事记、
皮书荣誉、皮书出版第一人、皮书编辑部

◆ 最新资讯

通知公告、新闻动态、媒体聚焦、
网站专题、视频直播、下载专区

◆ 皮书研创

皮书规范、皮书选题、皮书出版、
皮书研究、研创团队

◆ 皮书评奖评价

指标体系、皮书评价、皮书评奖

◆ 皮书研究院理事会

理事会章程、理事单位、个人理事、高级
研究员、理事会秘书处、入会指南

所获荣誉

◆ 2008 年、2011 年、2014 年，皮书网均
在全国新闻出版业网站荣誉评选中获得
"最具商业价值网站"称号；

◆ 2012 年,获得"出版业网站百强"称号。

网库合一

2014年，皮书网与皮书数据库端口合
一，实现资源共享，搭建智库成果融合创
新平台。

皮书网

"皮书说"
微信公众号

皮书微博

权威报告·连续出版·独家资源

皮书数据库
ANNUAL REPORT(YEARBOOK)
DATABASE

分析解读当下中国发展变迁的高端智库平台

所获荣誉

- 2020年，入选全国新闻出版深度融合发展创新案例
- 2019年，入选国家新闻出版署数字出版精品遴选推荐计划
- 2016年，入选"十三五"国家重点电子出版物出版规划骨干工程
- 2013年，荣获"中国出版政府奖·网络出版物奖"提名奖
- 连续多年荣获中国数字出版博览会"数字出版·优秀品牌"奖

皮书数据库　　"社科数托邦"
微信公众号

成为会员

　　登录网址www.pishu.com.cn访问皮书数据库网站或下载皮书数据库APP，通过手机号码验证或邮箱验证即可成为皮书数据库会员。

会员福利

- 已注册用户购书后可免费获赠100元皮书数据库充值卡。刮开充值卡涂层获取充值密码，登录并进入"会员中心"—"在线充值"—"充值卡充值"，充值成功即可购买和查看数据库内容。
- 会员福利最终解释权归社会科学文献出版社所有。

数据库服务热线：400-008-6695
数据库服务QQ：2475522410
数据库服务邮箱：database@ssap.cn
图书销售热线：010-59367070/7028
图书服务QQ：1265056568
图书服务邮箱：duzhe@ssap.cn

社会科学文献出版社　皮书系列
SOCIAL SCIENCES ACADEMIC PRESS (CHINA)

卡号：319831983249
密码：

中国社会发展数据库（下设 12 个专题子库）

紧扣人口、政治、外交、法律、教育、医疗卫生、资源环境等 12 个社会发展领域的前沿和热点，全面整合专业著作、智库报告、学术资讯、调研数据等类型资源，帮助用户追踪中国社会发展动态、研究社会发展战略与政策、了解社会热点问题、分析社会发展趋势。

中国经济发展数据库（下设 12 专题子库）

内容涵盖宏观经济、产业经济、工业经济、农业经济、财政金融、房地产经济、城市经济、商业贸易等 12 个重点经济领域，为把握经济运行态势、洞察经济发展规律、研判经济发展趋势、进行经济调控决策提供参考和依据。

中国行业发展数据库（下设 17 个专题子库）

以中国国民经济行业分类为依据，覆盖金融业、旅游业、交通运输业、能源矿产业、制造业等 100 多个行业，跟踪分析国民经济相关行业市场运行状况和政策导向，汇集行业发展前沿资讯，为投资、从业及各种经济决策提供理论支撑和实践指导。

中国区域发展数据库（下设 4 个专题子库）

对中国特定区域内的经济、社会、文化等领域现状与发展情况进行深度分析和预测，涉及省级行政区、城市群、城市、农村等不同维度，研究层级至县及县以下行政区，为学者研究地方经济社会宏观态势、经验模式、发展案例提供支撑，为地方政府决策提供参考。

中国文化传媒数据库（下设 18 个专题子库）

内容覆盖文化产业、新闻传播、电影娱乐、文学艺术、群众文化、图书情报等 18 个重点研究领域，聚焦文化传媒领域发展前沿、热点话题、行业实践，服务用户的教学科研、文化投资、企业规划等需要。

世界经济与国际关系数据库（下设 6 个专题子库）

整合世界经济、国际政治、世界文化与科技、全球性问题、国际组织与国际法、区域研究 6 大领域研究成果，对世界经济形势、国际形势进行连续性深度分析，对年度热点问题进行专题解读，为研判全球发展趋势提供事实和数据支持。

法律声明

"皮书系列"（含蓝皮书、绿皮书、黄皮书）之品牌由社会科学文献出版社最早使用并持续至今，现已被中国图书行业所熟知。"皮书系列"的相关商标已在国家商标管理部门商标局注册，包括但不限于LOGO（▨）、皮书、Pishu、经济蓝皮书、社会蓝皮书等。"皮书系列"图书的注册商标专用权及封面设计、版式设计的著作权均为社会科学文献出版社所有。未经社会科学文献出版社书面授权许可，任何使用与"皮书系列"图书注册商标、封面设计、版式设计相同或者近似的文字、图形或其组合的行为均系侵权行为。

经作者授权，本书的专有出版权及信息网络传播权等为社会科学文献出版社享有。未经社会科学文献出版社书面授权许可，任何就本书内容的复制、发行或以数字形式进行网络传播的行为均系侵权行为。

社会科学文献出版社将通过法律途径追究上述侵权行为的法律责任，维护自身合法权益。

欢迎社会各界人士对侵犯社会科学文献出版社上述权利的侵权行为进行举报。电话：010-59367121，电子邮箱：fawubu@ssap.cn。

社会科学文献出版社